礼赢职场

——商务精英职业化六项修炼

任兰兰　主编

中华工商联合出版社

图书在版编目（CIP）数据

礼赢职场：商务精英职业化六项修炼 / 任兰兰主编.
北京：中华工商联合出版社，2025.6. -- ISBN 978-7
-5158-4279-0

Ⅰ．F718

中国国家版本馆 CIP 数据核字第 20252CZ156 号

礼赢职场：商务精英职业化六项修炼

作　　者：	任兰兰
出品人：	刘　刚
责任编辑：	吴建新　关山美
装帧设计：	智　画·王桂花
责任审读：	付德华
责任印制：	迈致红
出版发行：	中华工商联合出版社有限责任公司
印　　刷：	北京毅峰迅捷印刷有限公司
版　　次：	2025 年 6 月第 1 版
印　　次：	2025 年 6 月第 1 次印刷
开　　本：	710mm×1000mm　1/16
字　　数：	235 千字
印　　张：	18.75
书　　号：	ISBN 978-7-5158-4279-0
定　　价：	68.00 元

服务热线：010-58301130-0（前台）
销售热线：010-58301132（发行部）
　　　　　010-58302977（网络部）
　　　　　010-58302837（馆配部）
　　　　　010-58302813（团购部）
地址邮编：北京市西城区西环广场 A 座
　　　　　19-20 层，100044
http://www.chgslcbs.cn
投稿热线：010-58302907（总编室）
投稿邮箱：1621239583@qq.com

工商联版图书
版权所有　侵权必究

凡本社图书出现印装质量问题，
请与印务部联系。

联系电话：010-58302915

本书编委名单

主　编：任兰兰

副主编：李梦云　林婉婉　张凌芳　林　丽　李　玲　刘　双
　　　　刘俐君　林田颖　朱　玲　杨　芳　刘志香　杨　洋
　　　　陈　燕

编　委：郭芮仪　曾可卉　吴中洋　孙彤雨　李飞翠　付　梅
　　　　蔡雪红　刘　荣　周梦轩　卢鲤萍　高　飞　朱师嘉
　　　　易　凡　华云梅　周　煜　余少丽　马群燕　伊涵菲
　　　　陈　静　段淑玲　范淑燕　王艺燔　王　美　王　芳
　　　　宋　蜜　苏日格　潘凯玲　裔天琪　杨丽婷　吴小芳
　　　　刘奕岑　俞红群　高　丽　梅　慧　梁　爽

序一

传播礼仪美学思维，让世界充满爱

最早倡导并践行美育的是"北大之父"蔡元培先生。这位伟大的思想家和教育家，在担任北京大学校长期间，不仅将这所学府打造成美育和艺术的圣地，亲自开设并讲授美育课程，还组建了美育学术研究会。他坚信："纯粹之美育，所以陶养吾人之感情，使有高尚纯洁之习惯，而使人我之见、利己损人之思念，以渐消沮者也。"

何为美育？美育就是培养人们学会欣赏并身体力行地美化这个世界。对于拥有审美能力的人来说，生活中的每一处细节都充满了美的可能：路边精心设计的招牌、头顶变幻莫测的蓝天白云、冬季里温暖和煦的阳光，无一不是美的体现。美育看似属于美学范畴，实则贯通各个领域，特别是在科学和管理学中都能找到其身影。

礼仪作为美育的重要组成部分，自古以来就是华夏文明的精髓所在。古语有云："中国有礼仪之大，故称夏；有服章之美，故称华。"华夏民族正是凭借其深厚的礼仪文化底蕴而受到周边民族的敬仰。孔子，这位我国历史上当之无愧的礼仪学先驱，将"礼"视为治国安邦的根本，主张"为国以礼""克己复礼"，并谆谆教导人们"约之以礼"，成为"文质彬彬"的君子。孟子同样重视"礼"的价值，将仁、义、礼、智并列为基本道德规范。

"仓廪实而知礼节，衣食足而知荣辱。"只有当人们的基本生活需求得到满足，荣辱观念才能真正深入人心，老百姓才会自发地注重礼节、崇尚礼仪。因此，年轻时的我性格内向，不善言辞，甚至在与异性交谈时都会面红耳赤，更不用说谈恋爱了。

幸运的是，我遇见了礼仪培训，这彻底改变了我的人生轨迹。它不仅让我邂逅了生命中的挚爱，更教会了我如何与他人建立良好的人际关系。最重要的是，礼仪让我找到了前所未有的文化自信。正是这份深刻的转变，让我萌生了一个强烈的愿望——帮助更多人通过礼仪改变他们的人生，让他们也能像我一样，通过礼仪的学习与实践，找到属于自己的幸福与成功。我不愿看到下一代重复我们当年的遗憾，希望他们能在成长过程中补上这重要的一课。怀着这样的初衷，我创办了环球礼仪商学院。

每一次课程开班，都会吸引众多来自国内知名企业的员工前来学习。我常常自问：短短几天的课程，真的能为她们带来实质性的改变吗？学员们的蜕变给了我最好的答案。初来时的她们，眼中充满迷茫，脸上写满沉重；而离开时，眼中闪烁着光芒，脸上洋溢着自信。当一个人真正进入美育的殿堂，就会忘却烦恼，全身心沉浸在美好之中，学习秩序之美、得体之仪、规范之法、优雅之姿和善意之笑。这一刻，身心得到疗愈，心胸变得豁达。或许，美育教育本身就是一种心灵的救赎。

如今，每年都有来自全国各地的数千位女性导师加入环球礼仪的大家庭。她们在这里学习、成长，或成为美育教育的传播者，或在商界绽放异彩，或在持续学习中遇见更好的自己。这就是美育的独特魅力，它以润物细无声的方式，赋予人们改变的力量。礼仪不仅是个人素养的直接体现，更是家庭教养的象征、企业形象的代表、国家文明的担当。在职场中，礼仪更是人际交往的润滑剂，商务服务的基石。如果说网络形象是虚拟世界的第一印象，那么职场人士在商务场合中的表现就是现实世界的名片，直接影响着商业合作的氛围与成败。

美育应该成为每个人的人生必修课。当就业机会良好、商业蓬勃发展时，学习美育是一种自我提升；当面临职业困境或人生低谷时，学习美育则是一种自我救赎。这就是我在美育行业坚守十余年的原因，也将是未来第二个、第三个十年继续前行的动力。因为美育绝非人生的锦上添花，而是雪中送炭。我们的企业使命是："让人人成为礼仪师，传播礼仪思维，让世界充满爱。"正是这样的信念，激励着我们不断向前。我曾立下培养一万名礼仪培训导师的目标，如今这一愿景已经实现。在新的十年里，我期待通过环球礼仪商学院和众多学员的努力，推动礼仪教育成为国内幼儿园、小学、中学、大学的必修课程，让国人用礼仪规范来塑造自己的言行，让每个人都能从中获得成长的力量，过上更加健康幸福的生活，创造与众不同的人生！

在礼仪教育行业深耕的这十年，我见证了市场从粗放发展到专业升级的全过程。当前行业正经历着深刻变革，呈现出课程版权化、服务咨询化、交付项目化三大发展趋势。然而令人忧虑的是，许多从业者仍面临着课程体系零散、教学内容肤浅、项目运作混乱等现实困境。这些痛点不仅制约着礼仪教育从业者的职业发展，更影响着整个行业的专业水准。基于服务3000余家企业的实战经验，我们历时两年多精心打磨出"礼赢职场"版权课程解决方案，并将其精髓凝聚于这本《礼赢职场》之中。

这本书突破了传统框架，将礼仪认知、形象穿搭、行为举止、社交职场、人际关系、语言表达、商务服务、接待拜访位次、商务馈赠、宴请等核心内容重新整合，独创"六大模块"职业化管理体系。从形象管理、认知管理、行为管理、场景管理、语言管理和心态管理这六大维度出发，构建了一个可复制、全面而系统的商务职场礼仪知识体系。这不仅是社会精英自我修炼的宝典，职场新人必备的指南，更是期待提升礼仪素养和社交能力人士的实用参考书。

　　本书的顺利出版，离不开编委会每一位成员的倾心付出，更离不开环球礼仪首席礼仪导师任兰兰老师的大爱与奉献。在此，我谨代表全体参编人员，向各位编委致以最诚挚的谢意！从选题策划到内容打磨，从案例筛选到细节推敲，大家都以严谨的学术态度和丰富的职场经验，确保了本书的专业性与实用性。无论是深夜的线上讨论，还是反复的文稿修订，都展现了极高的责任感与协作精神。正是你们的专业见解、务实建议和精益求精的态度，才让这本书能够真正成为职场人士的礼仪宝典。

　　特别感谢各位编委在百忙之中抽出时间，贡献智慧、分享经验，甚至亲自参与案例撰写与审校工作。你们的付出，不仅让本书更具权威性，也让礼仪文化的传承更加生动、贴近现实。希望这本书能成为职场人士的得力助手，让礼仪之花开遍每一个角落。这本书承载着我们十年来的行业思考与实践结晶，愿它能成为每位礼仪教育者专业成长路上的良师益友，共同开创礼仪教育的新篇章，让世界因我们的存在而变得更加美好。期待未来我们能继续携手，为礼仪教育的发展贡献更多力量！

李茂宏

《礼赢职场：商务精英职业化六项修炼》图书总策划

《国际礼仪教育培训服务规范》团体标准总策划

环球礼仪商学院创始人

序二

礼仪之光，照亮心灵的旅程

在这个纷繁复杂、五彩斑斓的世界里，每个人都是自己生命故事的独特书写者。而我，出生于河南焦作沁阳市的一个平凡家庭里，怀揣着对梦想的执着和对使命的坚守，毅然踏上了以"礼"为名的探索与传承之旅。我的故事，虽没有波澜壮阔的传奇色彩，但却蕴含着对生活最真挚的热爱与对礼仪无尽的追求。

在我的学生时期，父母用辛勤的汗水和热情经营着一家餐馆。无论是熟悉的亲朋好友，还是初次相逢的陌生人，他们对每一位踏入店门的客人，都展现出热情的待客风范。当然，他们少不了对我和弟弟施以严格的礼仪教育。如果我一时的疏忽，未能及时说出那句"叔叔阿姨好"。迎接我的，先是母亲那严厉的眼神，随后便是一顿毫不留情的呵斥。当时的我认为父母有些不近人情，可当我踏入社会后，才深刻体会到父母当年的良苦用心。正是那些看似严苛的礼仪教育和管教方式，无形中塑造了我对待人际关系的严谨态度和高度的敏感性。那些年少时被迫养成的习惯，如迅速反应、主动问候、注重细节，竟然在职场上成为我独特的优势，让我在人际交往中游刃有余，赢得了同事和客户的广泛赞誉与尊重。

在上海，我进入了一家日资企业工作。在那里，我遇到了一群点亮我人生路途的引路人和挚友，他们向我展示了深厚的礼仪修养和魅力。我意识到，礼仪不仅是职场上的敲门砖，更是个人素养与魅力的体现，它能够深刻地影响一个人的职业生涯乃至整个人生轨迹。让我对礼仪培训产生浓厚兴趣的，是在我晋升为部门主管后，接触到来自日本的礼仪培训师，以及那份令人瞩目的培训合同报价，我意识到礼仪不仅是一门艺术，更是一种可以创造价值的技能。

真正触动我内心深处，让我下定决心投身于礼仪传播事业的，是那些在日常工作中遇到的场景。中国古代哲学家荀子曾说："人无礼则不生，事无礼则不成，国无礼则不宁。"我深刻感受到，作为华夏儿女，我有责任和义务去提升国民的礼仪素养，让世界看到一个更加文明、友善的中国形象。我深刻体会到礼仪对人生、家庭、职业乃至社会的深远影响。

自2012年以来，我只做礼仪培训这一件事，即便外界对"礼仪培训"这四个字有诸多误会与偏见，但我始终坚信，礼仪是由心而发的真诚与尊重。"礼"是内在的敬意与尊重，虽然内核简单，但延展性却无处不在；"仪"则是外在的表达方式，根据不同的国家、民族、宗教、文化以及不同的人群、行业而有所差异。

经过多年的坚持与努力，我得到了行业中很多培训机构的认可与赞赏，尤其是环球礼仪的李茂宏院长，他在我的职业生涯中起到了举足轻重的推动作用。我以前只给企业上礼仪课，现在站在环球礼仪这样一个权威的培训机构平台上，带领更多年轻的有志之士一起传播礼仪文化。自2019年初合作至今，我们共同培养和教育了许多来自全国各地的礼仪培训师。我们一起践行礼仪、传播礼仪，这是我们的使命与责任，我们致力于让人人成为礼仪师。

这本书缘起2020年。有一次，李茂宏院长问我："为什么你的课程时间那么难约？你是怎么做到把自己的课程卖到一年365天的？"李院长说365天有点夸张，但我的课程量确实在逐年上升。从100多天增加到150多天，再到210天。即使在特殊的时期，我也从线下转到了线上直播，创造了个人职业史上的课程最高峰——2023年一年中256天都在上课。

我回忆起客户们对我的评价：授课风格比较接地气，不故作姿态、不高大上，能结合学员们的实际生活场景，用幽默诙谐且真实的案例带领大家了解职场礼仪。于是，李院长邀约我开发一门版权课程，名字就叫"礼赢职场——可复制的国际商务礼仪课"，主要是针对礼仪培训师，帮助大家去企业更好地交付，内容包含六大模块：认知管理、心态管理、形象管理、行为管理、语言管理和场景管理。这些模块紧密围绕着职场中商务人士必备的最基本技能展开。

这门课程一经推广，就受到了礼仪培训行业人士的热烈追捧和高度评价。我们连续开了10期的课程，现在还在不断开班。所有的礼仪培训师通过这个课程，能够真正地运用礼仪培训在企业中发挥重要作用。对此，我感到无比自豪和有成就感。

礼仪，这门古老而精致的艺术，不仅为我的人生披上了一层受人尊重、令人钦佩的职业光环，也让我在职业生涯的征途中赢得了无数的赞誉与认可。它更像是一把精心雕琢的钥匙，悄然间为我开启了通往他人心灵深处的大门，让我在复杂多变的人际关系中能够游刃有余，和谐共处。而最为珍贵的是，礼仪的滋养让我在职场的风雨兼程中找到了内心的宁静与满足，这份精神的富足与心灵的洗礼，是任何物质财富都无法比拟的宝贵财富。

我愿将这份由礼仪赋予的力量与智慧，化作一束温暖的光芒，照亮你我心中的每一个角落。所以，我们决定将版权课的内容编写成一本书，它不仅仅是一本针对礼仪培训师的教材，更是一本适合所有对礼仪有需求的读者的大众读物，希望这本书能够成为职场人士提升礼仪素养的必备指南，帮助他们在激烈的竞争中以礼脱颖而出。同时，我们也希望这本书能够成为一把钥匙，开启每个人内心深处对美的追求，对和谐的向往，让我们的社会因礼而更加温暖，因礼而更加美好。

在完成这本关于基本礼仪的书籍之际，我的内心充满了难以言表的感慨。特别要感谢的是环球礼仪的李茂宏院长，他不仅是我的良师益友，更是我人生旅途中不可或缺的引路人。在他的悉心指导与无私帮助下，我在礼仪培训的道路上不断攀登新的高峰，视野愈发开阔。他的每一次鼓励与肯定，让我在礼仪的道路上更加坚定地前行；他的支持与信任，也是我不断前行的动力源泉。

同时，我要感谢资深写作教练陈韵棋的鼎力相助，她的专业指导，不仅极大地丰富了本书的内涵，并促使本书能提前和大家见面；我也深深感谢编辑团队的共同努力与不懈付出，让这本书的内容更加丰富。

愿我们都能在礼仪的引领下，赢得职场、赢得人生、赢得更加美好的未来。

任兰兰

"礼赢职场"版权课程创研人

国际礼仪教育培训服务规范标准起草委员会主任

上海市文明办"市民修身"高级礼仪指导师

上海视觉艺术学院社交礼仪与媒体公关讲师

上海市进博会志愿者礼仪培训讲师

序三

礼仪之道，终身受益

这本书凝聚了礼仪教育行业资深专家任兰兰老师的智慧结晶，满载着从业者的真知灼见。它将为您解答三个重要命题：如何理解礼仪的真谛，如何践行礼仪的规范，以及如何通过礼仪修炼个人魅力。这是一本值得您终身品读的实用指南。

我与兰兰老师相识多年，既是默契的合作伙伴，更是情同手足的姐妹。初识之时，她已是上海知名外企的高管，干练的职业形象、得体的言谈举止，无不彰显其专业素养。她在职场中被视为公司的典范，更肩负着员工培训的重任。怀着对礼仪教育的热忱，她毅然投身培训行业，为打造实用课程而孜孜不倦地学习钻研。从课件制作到课堂互动，她将多年教学经验凝练成独具特色的教学体系，广受学员好评。

虽旅居海外多年，我始终关注着她的成长轨迹。凭借对礼仪事业的热爱与坚持，兰兰老师在业内取得了骄人成就。她的服务足迹遍布全国，为众多知名企业量身定制礼仪培训课程。凡是聆听过她授课的学员，无不印象深刻、获益良多。

如今，在众人的期盼中，兰兰老师终于将其精心提炼的职场商务礼仪精髓汇集成书。书中以生动的案例、通俗的讲解，深入剖析商务礼仪的各个细节——从着装规范到沟通技巧，从社交礼仪到待人接物，内容详实易懂，定能让您收获满满。

　　这本书的价值远不止于职场：它能助您在商务场合游刃有余，赢得尊重与信任；能提升您的个人魅力与修养；能促进家庭和睦相处；更能为您教育下一代提供专业指导。作为旅居日本多年的专业人士，我在拜读书稿后亦深受启发。在此，我满怀信心地向您推荐这本佳作，相信它定能助您成就更卓越的人生。

王筱卉

《继承者：日本长寿企业DNA》作者

上海世博会中国馆首席礼仪培训导师

株式会社TOHOKI创始人

序四

礼仪让人闪烁着自信的光芒

我曾在一家世界500强企业供职25年，从一名职场小白到资深高级经理，荣获过集团三级勋章等诸多荣誉。我对给我提供职业舞台的公司充满感恩。我非常认同公司的企业文化，尤其是对公司的礼仪文化深以为荣。

我至今记忆犹新，公司势如破竹般迅猛发展时，正是推广礼仪文化的昌盛时期。新员工入职必须接受礼仪培训，并通过严格的礼仪考核才能正式上岗。礼仪文化不仅让员工显得训练有素、精神饱满，而且使他们的眼神中闪烁着自信的光芒。

当新员工首次接触礼仪培训时，他们所获得的不仅仅是对职场规则的了解，以及在外形上的快速改变。更重要的是，他们能够感受到公司对新员工的关怀和关爱，以及对员工素质修养的重视。礼仪不仅仅是站立和坐姿的规范，而且还包括塑造专业形象、待人接物的妥帖和适度，以及恪尽职守、尽责于岗的专业精神。因此，礼仪实际上是一种教导职场人士如何做人做事的重要方式。

高瞻远瞩的企业都知道，礼仪是职场人的必修课，是每个人在社会中立足的必备技能。因此，这些企业愿意投入时间和资源来培养员工的礼仪素养，这是那些坚持长期主义的公司才会采取的策略。虽然礼仪文化的培养看似不直接产生短期绩效，但它却有着"桃李不言，下自成蹊"的力量。

礼仪与职业发展 ▶▶

　　我本科的专业是食品营养学，毕业后在外资企业混混沌沌地虚度了三年。我加入这家世界五百强金融企业后，从最基层员工做起，一步步成为资深高级经理。在这个过程中，我不仅实现了财务自由，还建立了良好的行业声誉。

　　很多人好奇，我没有显赫的学历背景，也没有丰富的职场积累，为何能够一路顺风顺水，并且总有贵人相助？那是因为我始终坚守着职场人最基本的规则——善意待人、恪尽职守、双赢合作、真诚沟通，而这些看似最质朴最本分的坚持，就是礼仪文化的精粹，也是我立足于职场的法宝。

　　礼仪不仅教会了我端正的行为举止，还让我在走入社会时受到尊重，走出国门时得到帮助，走进家庭时被深深爱护。这份由礼仪文化带来的精神财富，是我一生中最宝贵的收获，它超越了金钱和物质的价值。

礼仪与亲子教育 ▶▶

　　我的女儿在博士毕业后，有幸进入一所高校任职。可想而知，她非常珍惜这个来之不易的机会。然而，刚出校门的她，虽满腹学识，但是很多工作能力都需要从零开始学习，包括礼仪这门必修课。

　　在一次代班助理的工作中，她加班加点完成所有准备工作，却忽略了与同事的交接环节，导致部分工作重复，既浪费了时间也增加了后续沟通成本。还有一次，她负责接洽学术交流会。尽管她已经尽力准备，但在执行过程中仍然显得手忙脚乱，甚至在中午工作餐这样的小环节上也出现了疏漏。事后，她向我倾诉了这些职场新人的尴尬经历，她意识到，这些软技能才是一个人在社会中立足、获得幸福人生的关键。我为她能有这样的认识感到欣慰，并建议她学习礼仪。

的确，礼仪是一种不深入了解就无法领会其真正含义和价值的艺术。因为认同礼仪的重要性，我曾一次又一次从工作的城市飞往上海环球礼仪商学院学习；也因为认同，在我因家庭原因不得不离开职场后，礼仪成了我下半生想做、能做且无比享受做的事情。带着这份信念和对环球礼仪商学院的敬重，我参与了这本书的编写工作。

本书汇集了兰兰老师二十年的职场服务经验，以及超过十年的授课积累的核心知识点、先进理念和深刻感悟。这不仅是一本为那些渴望成为礼仪教育者的人士准备的指导手册，也是职场人士提升职业规范的实用参考书，更是为那些像我女儿一样刚刚步入社会、急需从学生思维转变为职场思维的新人，提供软技能修炼的宝典。

让我们一起翻开这本书的篇章，开启一段关于礼仪、关于成长、关于自我提升的旅程。

潘凯玲

世界 500 强企业高管

目录 Contents

▶▶ **第 1 章**

形象管理　001

　　01 ｜ 形象走在能力之前　006

　　02 ｜ 塑造职场精英形象与着装艺术　012

　　03 ｜ 好"底子"展现好"面子"　031

　　04 ｜ 从"头"开始打造干练气场　040

　　05 ｜ 彰显专业和品位的手部细节　047

　　06 ｜ 精选配饰点亮整体形象　051

▶▶ **第 2 章**

认知管理　061

　　01 ｜ 从固定型思维到成长型思维的跃迁　065

　　02 ｜ 职场精英认知升维与人生蓝图绘制　070

　　03 ｜ 让业务与人脉构建你的职场护城河　075

　　04 ｜ 精进飞轮构建职场精英人士的四维模型　081

▶▶ 第3章

行为管理　087

　　01 ｜ 塑造亲和力的微笑　093

　　02 ｜ 温和目光传递善意　100

　　03 ｜ 站姿挺拔彰显气度　105

　　04 ｜ 行走优雅凸显气质　111

　　05 ｜ 坐姿端正表达涵养　115

　　06 ｜ 手势规范显露教养　123

　　07 ｜ 鞠躬致意大国风范　127

　　08 ｜ 优雅蹲姿尽显格局　131

▶▶ 第4章

场景管理　135

　　01 ｜ 商务拜访礼仪：建立良好的第一印象　139

　　02 ｜ 商务接待礼仪：细节中彰显专业风范　154

　　03 ｜ 位次安排礼仪：尊重为先的精髓体现　163

　　04 ｜ 中式宴请礼仪：传承文化底蕴的艺术　176

▶▶ 第5章

语言管理　191

　　01 ｜ 语之根：沟通的本质与重要性　197

　　02 ｜ 语之叶：提问和倾听的技巧　205

　　03 ｜ 语之花：让人愉悦的表达方式　213

　　04 ｜ 语之果：双赢的语言沟通艺术　222

　　05 ｜ "语"林大会：互联网沟通那些事　230

▶▶ 第 6 章
心态管理 239

01 ｜ 自我探索与性格测试　244

02 ｜ 自我定位与职业发展　251

03 ｜ 塑造积极的阳光心态　259

后记　271

形象管理
WORKPLACE ETIQUETTE

01　形象走在能力之前
02　塑造职场精英形象与着装艺术
03　好"底子"展现好"面子"
04　从"头"开始打造干练气场
05　彰显专业和品位的手部细节
06　精选配饰点亮整体形象

在许多场合中，形象往往先行于能力，成为他人对我们的第一印象。在职业生涯的征途中，我们不仅需要专业技能和技术知识等"硬实力"作为支撑，形象管理这一"软实力"同样占据着举足轻重的地位。随着时代的变迁，许多职场精英已经深刻意识到，单纯依赖一套西装走天下的时代早已成为过去。

在这个注重细节与品质的时代，让我们从点滴做起，用心塑造自己的形象，让它在职业生涯中成为我们最坚实的后盾。

好的形象，减少与他人沟通的成本

形象礼仪被赋予了前所未有的重要地位，它不仅是个人职业素养的外在展现，更是职场成功与商务社交中不可或缺的关键要素。形象，作为我们与世界沟通的第一张名片，其影响力深远且持久，它能在无形中塑造他人对我们的初步印象，甚至决定着我们职业生涯中的诸多机遇与挑战。

首先，良好的形象礼仪是专业性的直接体现。 在职场上，一个着装得体、仪态端庄的人，往往能迅速赢得他人的尊重与信任。这种专业形象不仅反映了个人对工作的重视态度，也彰显了对职业角色的深刻理解与尊重。它如同一道无声的宣言，告诉周围的人："我准备好了，我值得信赖。"

其次，形象礼仪是沟通桥梁的加固剂。 在商务社交场合，人们往往通过非言语信息——如着装风格、面部表情、身体语言等——来初步判断对方的性格、态度乃至文化背景。一个懂得运用恰当形象礼仪的人，能够更有效地跨越文化差异，促进双方的理解和合作，为商务洽谈铺平道路。

再次，形象礼仪是个人品牌的塑造者。在信息爆炸的时代，个人品牌成为职场竞争力的核心。良好的形象不仅能够帮助个体在众多竞争者中脱颖而出，还能够持续强化个人品牌的正面形象，为职业生涯的长远发展奠定坚实基础。它如同一块磁铁，吸引着更多的机会与资源，助力职场人士实现职业生涯的飞跃。

最后，形象礼仪是自我价值的彰显。它不仅仅关乎外在的装扮，更是内在修养与自信的外在流露。当一个人能够自如地运用形象礼仪，不仅能够在职场中游刃有余，更能在生活中展现出独特的魅力与风采，实现个人价值的最大化。

所以，精心打造的个人形象，不仅能够彰显我们深厚的学识底蕴、良好的个人修养、独特的气质魅力以及高雅的生活品位，更能在我们尚未开口之前，以一种无形却强有力的方式迅速拉近人与人之间的距离，在更短的时间内建立起良好的第一印象，赢得他人的初步信赖与尊重，有效降低沟通的成本。

在商务洽谈、社交聚会或是任何需要展示个人风采的场合，一个精心塑造的形象都能为我们加分不少，使我们在无形中占据优势地位。同时，为后续的深入交流与合作打下坚实的基础，从而实现个人价值的最大化。

我曾经和多位培训师一起为企业管理层赋能，我讲授礼仪课程，其他老师分别讲授沟通、管理和企业发展等相关课程。课程课后，董事长邀请我们一起去品尝当地非常有名的小吃。其中一位老师说她要回房间换衣服。等她出现在酒店大堂时，我惊呆了：她换上了T恤衫、牛仔裤和运动鞋。

当我们到达餐厅后，发现并不是吃小吃的地方，而是一个能坐20人的豪华商务宴请包房，其中包括企业董事长和各个部门的一把手。显然，在大合影中，这位老师的着装与大家格格不入。当时她还打趣地说了一句："哎呀，早知道是这么漂亮的地方，还要合影，我就不换衣服了。"

中国有句老话叫"先敬罗衣后敬人，先敬皮囊再敬魂"。没有人会通过我们邋遢的外在或不修边幅的形象，看出我们的专业经验。所以，好的形象确实可以减少沟通成本，并获得更多人的认可，因为这种形象足以让别人看到我们是有备而来的职业精致感。

形象管理大揭秘，助力沟通零障碍

在形象管理中，对男性和女性的要求有所不同。所以，本章节将根据不同性别的特点，提供更为精准、实用的指导。在此基础上，我们进一步将课程内容深化为仪容管理与仪表管理两大核心部分，全方位提升学员的职场形象。

（1）仪容管理：塑造精致细节，彰显专业风采

①头部管理：作为人体最显眼的"装饰"，头发的整洁度、发型选择及发饰搭配均需谨慎考虑。我们需要根据职业性质与个人风格，选择得体、整洁的发型，同时注重发色的自然与和谐，以及发饰的简约与精致，共同营造出专业而富有魅力的头部形象。

②面部管理：作为人际交往中最为直接、频繁的交流窗口，干净的面部，让人更愿意接近；精致的妆容，提升整体形象的专业度与亲和力。

③手部管理：作为日常工作中不可或缺的"工具"，手部的卫生状况、修饰程度及配饰选择同样重要。我们要注重手部的清洁与保养，适度修饰指甲，合理选择手部配饰，以展现整洁、得体的手部形象，为整体形象加分。

（2）仪表管理：穿戴有道，尽显职场风范

①穿的艺术：穿，是形象管理的基础。我们需要掌握基本的穿衣搭配原则，如色彩搭配、款式选择等，更需根据职业性质、场合需求及个人风格，灵活运用，打造既专业又富有个性的职场装扮。无论是正式的西装套装，还是休闲的职业装，都能通过巧妙的搭配，展现出独特的职场魅力。

②戴的智慧：戴，作为形象管理的点缀，虽非必需，但恰当的配饰选择能显著提升整体形象的精致度与品味，我们需要根据场合、服装及个人特点，合理选择并佩戴配饰，以细节之处彰显职场智慧与品位。

01 | 形象走在能力之前

办公桌上，缓缓释放着袅袅热气的咖啡正散发着细腻而深邃的香气，这不仅仅是任老师每日不可或缺的仪式感，更是唤醒她所有感官开启新一天工作的动力源泉。

随着职位的攀升，任老师对于个人形象的塑造亦愈发讲究，她深知，衣着的每一个细节都是自我表达与职业态度的体现。她偏爱那些能够平衡职业感与个人风格的色彩，如藏蓝的深邃、墨绿的沉稳，以及深咖的温润。稳重之中多了一丝感性，少了一份刻板。今天，她选择了一套墨绿色的西装，剪裁得体，线条流畅，面料的光泽在灯光的映照下更显质感，透露出高级与不凡。胸前那枚设计精巧的胸针，为她的职业形象增添了一抹不可忽视的亮点。精致的妆容和盘起的头发，显得成熟和干练。

新晋宏茂集团培训总监的身份，为任老师带来了前所未有的责任与挑战。面对即将展开的高强度工作，她没有丝毫的懈怠。每天总是提前半小时抵达公司，为一天的忙碌做好充分的准备。今天，是她忙碌日程中的又一重要时刻——面试日。经过人力资源部的层层筛选，十位候选人的简历早已放在她的办公桌上。她将从中挑选出最适合团队的培训主管和培训助理。她端坐在办公桌前，认真翻看着简历，心中盘算着即将进行的面试。

任老师一直非常重视时间管理。当手腕上那款设计简约而不失精致的手表指针悄然指向9点25分时，她轻轻站起身，拿起桌面上的简历、笔和手机，走向会议室。她的步伐坚定而从容，每一步都显得那么自信和有力。

会议室里，培训经理王子若已经在做最后的准备。阳光透过高大的落地窗洒进会议室，将室内的每一处角落都照得明亮而温暖。窗边的幸福树在阳光的照耀下，显得更加生机勃勃，绿意盎然，为整个空间增添了一抹清新与活力。窗外，黄浦江蜿蜒流淌，波光粼粼的江面反射着阳光。

随着面试的正式开始，会议室内的气氛变得既紧张又充满期待。第一位进入会议室的应聘者是一位女生。她身着简约的米黄色小H型套装，脚穿一双5厘米高鞋跟的黑色皮鞋。利落的短发，妆容淡雅，眉眼间透着一股清澈与纯真。既显得青春洋溢，又不失职场的干练风范。

她叫夏伊，应聘培训助理。她深吸一口气，目光坚定地望向任老师，开始了她的自我介绍："您好，任总监，我是夏伊，一名应届毕业生。非常感谢贵司能给予我这次面试的机会。我一直对金融领域充满热情，特别是在培训与发展方面，我希望能将自己的所学与热情贡献给公司，与团队共同成长。"她的声音清脆悦耳，每一个字都透露出她对这份工作的渴望与真诚。在回答任老师的问题时，她的眼神闪烁着好奇与热情；举手投足间能显示出她的修养和气质。

会议室的门再次被轻轻推开，他是第二位应聘者，一位戴着圆圆眼镜，梳着三七分头的男生。身上穿着一套宽松版的浅灰色西装，搭配一双白色休闲鞋，蹦蹦跳跳地就进来了。他的眼神中透露出一股不容忽视的活力和自信。

他叫张力，应聘培训助理。他的自我介绍别具一格，带着几分自嘲与幽默，举手投足间流露出一种随性而不失风度的气质。当被问及他为何选择应聘培训助理这一职位时，他轻轻推了推眼镜，嘴角勾起一抹自信的微笑。"其实，我一直对培训工作充满热情，"

他回答道,"在我看来,培训不仅仅是传授知识那么简单,它更是一种传递经验和激发潜能的过程。我热爱与人交流,喜欢观察并了解不同人的需求和特点。同时,我也希望能够在这个岗位上不断学习和成长。"

随后,门口跃入一抹亮丽的色彩,一位穿着玫瑰色短裙的女生从门外探进头来,带着一丝调皮地说:"哈啰,领导,我来啦。"明黄色的指甲油特别显眼,手上还戴着两个可爱的戒指。扎起的马尾,为她平添了几分灵动与俏皮。

她叫王晓悦,应聘培训助理。坐下后,她开始了自我介绍:"我是一名即将毕业的大学生,主修的是人力资源管理。我喜欢与人分享,我希望我的专业背景和热情能够让我在这个岗位上发挥所长,为公司的员工培训和人才培养贡献自己的力量。"

第四位应聘者是李乐,应聘培训主管。他身着一套炭灰色的西装,剪裁得体,线条流畅,完美勾勒出他挺拔的身姿。里搭一件白衬衣。领带的选择更是考究,与西装颜色相得益彰,透露出一种不言而喻的品位与格调。他的面容干净整洁,头发用发胶打理过。

只见他沉稳地步入会议室,向面试者鞠躬后坐下,以一种沉稳而有力的声音开始了他的陈述:"任总监,您好。我是李乐,拥有五年的行业工作经验,其中三年专注于培训工作。在过去的职业生涯中,我成功主导了多个培训项目,不仅提升了团队的专业技能,还增强了团队的凝聚力与向心力。我深知培训对于公司发展的重要性,因此我希望能利用我的经验和能力,为公司的培训工作带来新的活力与成效。"他的眼神中既有对工作的严谨与认真,又有着对未来挑战的期待与决心。在回答问题时,他的声音低沉而有力,举手投足间,展现出一种历经世事后的从容与自信,让人不由自主地信服与尊重。

任老师对每一位应聘者都进行了全面而细致的考量,特别是在他们的专业背景匹配度、过往工作经验的实用性以及个人职业规划的清晰性等方面，提出了深刻且具洞察力的问题。经过一整天紧张而忙碌的面试，最后一位应聘者也踏出了会议室。

面试结束后，任老师再仔细地查看每一份简历并回顾每个人的表现。最终锁定了夏伊和李乐两位佼佼者。夏伊在面试中展现出来的饱满的热情、卓越的沟通能力和扎实的职业素养给她留下了深刻的印象，而且积极的态度非常适合培训助理岗位。她相信夏伊能够快速融入团队，并为培训工作带来新的活力和创意。李乐则以其专业性、领导力和沟通能力脱颖而出。他在培训行业的丰富经验和对培训工作的深刻理解，使他非常适合培训主管岗位。任老师相信，李乐能够带领团队实现培训目标，并提升团队的整体专业技能和工作效率。

至于其他应聘者，虽然其中不乏充满热情、具备潜力的个体，但在专业形象、职业素养或岗位匹配度等方面尚显不足，未能完全符合当前岗位的具体要求。一个优秀的培训岗位员工不仅需要有热情和能力，更需要有良好的职业形象和专业素养。因此，她在选拔过程中特别注重这两方面的考量。

知识链接

对于职场人士而言，职业生涯如同攀登阶梯，清晰划分为三个阶段：职场小白阶段、中层管理者阶段及高层管理者阶段。在这每一步的攀升中，职业形象与着装都是塑造个人品牌、引导职业路径的关键要素。

第一阶段：职场小白阶段——塑造干练形象。

初入职场，作为"小白"，我们正经历从校园到职场的蜕变。此阶段，职业形象的核心在于"干练"，意在展现我们的积极态度与高效行动力。着装应遵循以下原则：

- 色彩：选用干净明快的色彩，避免稚嫩色调，利用对比色增添活力。
- 版型：无论男女，尽量选择直线条裁剪的服装。例如：女士选择H型上衣、铅笔裤、直筒裙；男士选择裁剪合身的衬衫、西服、西裤。修饰身形的同时传递专业与效率。
- 配饰与图案：保持简约，纯色为主，少量精致配饰点缀，避免分散注意力。
- 发型：整洁利落的发型，避免散乱，强化专业形。

在这一阶段，得体的职业形象是展现行动力与效率的窗口，有助于快速融入团队，赢得信任与认可。

第二阶段：中层管理者阶段——展现稳重与可信。

随着经验与职位的提升，我们步入中层管理行列。此时，职业形象需兼顾专业度与行业领导力，关键词为"稳重、可信、重款式"。着装策略如下：

- 版型：无论男女，选择直线条裁剪的服装，避免大面积波浪、蕾丝、飘逸等元素。
- 搭配：西装套装为主，保持适度宽松，展现从容与专业。
- 色彩：经典黑白灰搭配米色、裸色等中性色调，稳重而不失高级感。

中层管理者的着装不仅是个人品味的体现，更是专业形象与职场地位的象征，需精心打造，以匹配其在职场中的角色与责任。

第三阶段：高层管理者阶段——彰显品质与权威。

当职业生涯迈向高峰，成为高层管理者时，职业形象成为传递企业战略与价值观的重要媒介。此阶段，关键词为"品质"，着装应注重以下方面：

- 色彩：大胆运用藏蓝、墨绿等深色调，展现稳重与感性并存的气质。
- 面料：选择高质量羊毛、丝绸或棉麻混纺，提升服装质感与高级感。
- 饰品：精致手表等饰品，不仅是身份的象征，也是时间管理能力的体现，增添权威感。
- 细节：巧妙运用胸针等饰品点缀，增加职业装的亮点与精致感。

高层管理者的职业形象应体现其深厚的底蕴与卓越的领导力，通过高品质的着装与细节处理，展现个人魅力，增强在职场中的影响力与说服力，引领企业向更高层次发展。

02 | 塑造职场精英形象与着装艺术

在各行各业中，形象无疑是一张无声却强有力的名片。它如同医院的医生身着白大褂，面容整洁，自然而然地散发出专业与信赖的气息，使患者愿意倾听并遵循其建议。反之，若一位医生衣着随意，形象不修，其开具的药方恐怕也难以让人安心接受。因此，在职场上，首要之务便是通过形象，让自己看起来就像所属行业的佼佼者，从而在客户心中种下信任的种子。

美国心理学家梅拉宾教授在 1971 年的研究揭示了一个惊人的事实：在人与人的初次交往中，第一印象的形成，仅有 7% 依赖于谈话内容，而高达 55% 的比例则源于外在形象与肢体动作，另有 38% 来自语气、语速和语调。这意味着，在我们开口之前，形象已经悄然发声，为后续的沟通奠定了基调。一旦第一印象欠佳，弥补之路将漫长且艰难；相反，良好的第一印象则如同顺风行船，让一切进展顺利，事半功倍。

服饰的种类与职场形象塑造 ▶▶

服饰，作为形象塑造的重要载体，根据不同的生活场景，被细分为职业装、生活装、交际装及特殊服饰四大类。本书将聚焦于职业装，探讨其如何成为个人职业形象的基石，以及企业文化与行业规范的外在表现。

(1)职业服饰：塑造专业与信赖的桥梁

职业装，作为工作场合的专属装备，其设计与选择需综合考虑行业特性、企业文化及个人形象定位。它大致可分为四个层级：

①权威层级：以公检法等国家机关为代表，其服饰以严谨的剪裁、庄重的色彩及标志性的徽章或标识为特色，旨在第一时间传递出力量、责任与不容置疑的权威感。

②专业层级：如银行、医院等行业，通过特定的服装元素，如医生的白大褂、银行职员的西装与领带，精准传达专业形象，使公众在特定场景下能迅速识别并信赖。

③传统层级：适用于无统一制服要求，也不强调特定着装风格的行业。这类服饰虽相对宽松，但仍需遵循职业礼仪，避免过于休闲或随意的装扮，如吊带衫、破洞牛仔裤、拖鞋等。

④创意层级：多见于互联网、设计等创新领域。在这里，服饰设计鼓励个性与创新，着装要求相对灵活。程序员们可能更倾向于舒适便捷的休闲装，如T恤搭配牛仔裤，以适应长时间面对电脑的工作环境。

(2)生活服饰：侧重服饰的舒适度与实用性

生活服饰，这一类别囊括了我们日常居家、活力运动及悠闲时光的全方位着装方案。在选择上，它尤为侧重服饰的舒适度与实用性，旨在满足不同生活场景下的个性化需求。

此外，生活服饰还涵盖了那些日常必备的基本单品，如简约时尚的T恤、经典百搭的牛仔裤、舒适耐穿的休闲鞋等。它们在设计上巧妙融合了时尚元素与个性化风格，无论是逛街购物、朋友聚会还是休闲出游，都能让你以最佳的状态，轻松驾驭生活中的每一个精彩瞬间。

- 居家服饰：以柔软亲肤的棉质睡衣、宽松惬意的家居服为代表，它们如同温柔的拥抱，让人在私密的空间里尽享放松与自在，每一刻都洋溢着家的温馨与惬意。
- 运动服饰：以其卓越的功能性与透气性脱颖而出，无论是跑步、健身还是户外探险，都能轻松应对，助力每一次挥汗如雨的挑战，让运动更加自由无拘，畅享活力四射的每一刻。

（3）交际服饰：承载着特定的情感与期望

这类服饰，专指那些在正式或半正式社交场合中精心挑选的着装，它们不仅仅是衣物，更是场合氛围与个人风采的完美融合。在选择时，需细腻考量场合的庄重程度、礼仪规范以及个人形象的塑造，无论是出席宴会、见证婚礼，还是探望亲友，每一套服饰都承载着特定的情感与期望。

宴会服饰，无疑是正式与优雅的代名词。女性或许会选择流光溢彩的礼服，或是精致细腻的晚装，以曼妙身姿诠释高贵与风华；男性则可能身着剪裁得体的西装，或是经典考究的燕尾服，展现出绅士的温文尔雅与不凡气度。

而在探望亲友的温馨时刻，服饰则更加注重那份得体与舒适，既不过于拘谨正式，也不失礼貌与分寸。轻柔的针织衫、休闲的裤装，或是简约的连衣裙，都能在保持个人风格的同时，传递出对亲友的深切关怀与尊重。

交际服饰的选择，不仅是对个人品位与修养的细腻展现，更是对场合与他人的深情致敬。它如同一门无声的语言，讲述着尊重、礼貌与美好的故事，让每一次相聚都成为难忘的记忆。

(4)特殊服饰：特殊岗位的"守护天使"

这一类别专指那些在特定场合或独特需求下精心设计与制作的服装。它们不仅仅是衣物的范畴，更是高科技与特定环境需求的完美结合，每一针每一线都蕴含着对极端条件的深刻理解与应对。

在高技术的广阔天地里，如航天探索的浩瀚宇宙、深海潜水的幽邃秘境，特殊服饰成为生命安全的守护神。它们需具备在极端环境下保障生存的关键功能，如航天服需抵御宇宙辐射、维持生命所需压力与温度；深海潜水服则需承受巨大水压，同时确保呼吸与通信的畅通无阻。而在化工、石油等工业领域，特殊工作服则化身为安全的坚固盾牌。它们需具备防腐蚀、防静电、阻燃等多重特殊性能，以有效抵御有害物质的侵袭，确保作业人员在复杂多变的环境中能够安心工作，健康无忧。

特殊服饰的选择与使用，不仅是对个人安全与健康的深切关怀，更是科技进步与人类智慧在特殊环境适应能力上的生动体现。它们如同无言的守护者，默默守护着每一个在特殊岗位上默默奉献的工作者，共同书写着人类探索未知、挑战极限的壮丽篇章。

形象塑造的 TPO 原则、目的及角色 ▶▶

通过深入理解服饰的分类和应用，我们需要遵循 TPO 原则，才能在不同的生活场景中自如地展现自己的风采。TPO 原则，是服饰礼仪的基本原则之一。意思是要求人们在选择服装时，需要综合考虑时间（Time）、地点（Place）和场合（Occasion），以确保与所处的环境和所参与的活动相协调。随着社会的进步与人们审美意识的提升，TPO 原则进一步扩展，融入了 Objective（目的）与 Role（角色）两个维度。

(1) 时间 (Time)

着装的选择应随时间流转而灵活变化。四季更迭、一日之内的不同时段，乃至历史长河中流行趋势的演变，皆会成为影响服装选择的重要因素。寒冬腊月，保暖厚重的大衣与毛衣自然成为首选；炎炎夏日，则更青睐轻薄透气的衣物，以求凉爽。此外，一日之中的晨昏更替，亦对着装的正式度有所影响。譬如，白日里的商务会议，或许需要更为正式的职业装扮；而夜幕降临时的休闲聚会，则可换上轻松惬意的便服。

(2) 地点 (Place)

地理环境与文化背景的差异，对着装提出了各不相同的要求。从庄严肃穆的办公室，到随性自在的咖啡馆；从繁华热闹的城市街头，到宁静致远的自然风光之中，地点的变换要求我们的着装风格亦需随之调整。在正式场合，如商务会议、晚宴等，着装应更为讲究，以彰显对场合的尊重与重视；而在休闲之地，则可适当放松，选择更为随性自然的装扮，以便更好地融入环境，享受轻松愉悦的时光。同时，不同国家和地区的文化差异，也是影响着装选择的重要因素。

(3) 场合 (Occasion)

每个场合都拥有其独特的氛围与着装要求。因此，在参与各类社交活动、商务会议或特殊事件时，我们应根据场合的特定要求来选择着装。依据活动类型和氛围的不同，着装可大致分为严肃职场、一般职场、商务社交和商务休闲四大类。

①严肃职场：这类场合通常包括新闻发布会、签约仪式、商务谈判、媒体采访和公开演讲等。着装建议选择代表企业形象的服饰，如经典的西装套装、优雅的裙装或正式的礼服。细节的打理同样重要，如领带、袖扣、鞋履的选择和搭配，都应体现出精致和考究。

②一般职场：这类场合通常包括办公室日常工作、部门会议和不需会见客户的内部活动。着装建议选择简洁大方的商务套装或商

务便装，如衬衫、长裤或半裙，搭配合适的外套。虽然不需要过分追求细节，但应保持整洁和专业，符合行业标准和企业文化。

③商务社交：这类场合通常包括培训学习、公司聚会、商务宴请和音乐会等。着装建议在保持专业的同时，可以适当展现个人审美和风格。例如，选择优雅的连衣裙、时尚的西装外套或精致的配饰，既能展现个人魅力，又不失商务礼仪。

④商务休闲：这类场合通常包括参加高尔夫运动、健身、爬山、喝茶和团建活动等。着装建议选择休闲而不失格调的服饰，如休闲裤、牛仔裤、T恤或休闲衬衫。虽然不需要过于正式，但应守住底线，如领口、袖子、裤子（裙子）的长度应适当，避免过于暴露。面料的选择也应注重舒适和适宜，如棉质、亚麻等自然材质（如图1-1所示）。

图1-1 不同场合的着装示范

此外，中国自古以来丧葬场合则以白色为宜（俗称"白事"）。受到西方文化的影响，现代中国丧葬场合也可着黑色出席。因为全身黑色难免过于严肃庄重，在平日的商务社交场合中，会稍显压抑。因此建议职业西装首选藏青色、炭灰色，黑色也应当备一套，以备不时之需。

(4) 目的 (Objective)

明确出席场合的目的，是着装选择的重要前提。不同的活动目的需要不同的着装风格。例如，如果是参加一个商务洽谈，需要选择更为正式和专业的服装；而如果是参加一个艺术展览，可以选择更为艺术和个性化的装扮。

(5) 角色 (Role)

在特定场合中，个人的角色定位也会影响着装的选择。着装应充分考虑到自己在该场合中的身份与地位，既不过于张扬，也不失分寸，例如，在一场学术会议上，作为主讲人的学者需要选择更为正式和权威的服装，以增强其专业性和说服力；而作为听众的学生，则可以选择更为轻松和休闲的装扮，以展现其学习者的身份。通过精准的角色认知与重视，让着装成为提升个人形象、促进社交互动的有力工具。

总之，我们需要在不同的时间和地点，根据不同的场合和目的，做出恰当的着装选择。如此，不仅能够展现出个人的风格和品位，更能在各种社交和职业场合中，展现出得体的礼仪和形象。比如前文所提及的几位应聘者，恰当的服饰能给面试官良好的第一印象。

1957年，美国社会心理学家洛钦斯（A.S.Lochins）以实验证明了首因效应的存在。首因效应也称为首次效应、优先效应或第一印象效应，是指交往双方形成的第一次印象对今后交往关系的影响，也即是"先入为主"带来的效果。虽然第一印象并非总是正确的，但却是最鲜明、最牢固的，并且对以后的交往进程有着决定性的影响。如果一个人在初次见面时给人留下良好的印象，人们就愿意和他接近，彼此也能较快地取得相互了解，并会影响人们对他以后一系列行为和表现。

男士正装的选择范围与底线 ▶▶

（1）颜色选择

在正式场合，男士西服套装的色彩选择力求稳重而不失格调，建议选择藏青色、炭灰色、黑色。藏青色给人一种稳重而不失活力的感觉，炭灰色则透露出低调的奢华感，而黑色作为永恒的经典，无论何时何地都能彰显庄重与权威。这三种色彩不仅是职场绅士的首选，也是各种正式场合中不可或缺的装扮元素。

（2）正装扣子系法

男士正装的扣子系法，是礼仪与风度的微妙体现。

站立时，单排单颗扣西服简洁利落，需果断扣上；单排双颗扣则遵循"上扣下不扣"的原则，既显庄重又不失灵活（如图1-2所示）；单排三颗扣则讲究"中扣恒在，上可随意，下永不扣"，展现出着装者的从容与自信。至于双排扣西服，其全扣的设计更是对经典与正式的致敬，让人一眼便能感受到穿着者的严谨态度。

图1-2 男士正装扣子的系法

此外，落座时的解扣礼仪亦不容忽视。穿着单排扣西服时，落座时应解开扣子，以避免衣服紧绷；而穿着双排扣西服时，落座则不需解扣，保持整体的整洁和舒适。

穿西装外套时，最后一粒扣子一定不要扣！这是西装穿搭中的黄金法则。解开最后一粒扣子不仅看起来更自然，也会让你行动自如，不显得拘束。

（3）领带的款式与颜色的搭配

领带作为正装的点睛之笔，其款式与颜色的搭配需与西服相得益彰。蓝色、格纹、条纹等经典图案，以其百搭性成为众多男士的首选。

而"深色西服＋浅色衬衫＋协调色领带"的万能搭配法则，更是为无数职场人士提供了便捷的着装指南。例如，藏青色西服搭配白色衬衫与白色＋藏青色细条纹领带，既保持了整体的和谐统一，又巧妙地融入了细节上的变化，展现出穿着者的不凡品位。

（4）衬衫露"三白"

这是男士正装着装中的一大讲究，它体现在领口、袖口与胸口的微妙露白之中，以确保整体的协调和美观。

- **领口露白**：即让衬衫领口高于西服领口1~2厘米，展现出层次分明的美感。
- **袖口露白**：即衬衫袖口自然延伸出西服袖口1~2厘米，增添一抹不经意的优雅，这不仅显得干净利落，还能增加层次感。
- **胸口露白**：即领带两侧衬衫露白，衬衫要平整干净，又称"鱼肚白"，彰显出穿着者的整洁与严谨。

露出适量的衬衫部分，能让整体搭配看起来更有细节感，这样就不会显得单调或沉闷。注意不要露得太多，适量的露出会让你看起来更精致讲究。

胸花要放在插花眼里：参加正式活动或婚礼时，很多男士喜欢在西装上佩戴一朵胸花。记得一定要把胸花放在西装的插花眼里，这不仅是正确的佩戴方式，也能让你的西装搭配显得更加得体有礼。插花眼通常位于左胸口，别忘了要选择合适的胸花，简单大方的设计最能凸显质感。

（5）男士正装皮鞋袜配饰的选择

在职场正装搭配中，袜子、鞋子、皮带与皮包的选择同样不容忽视（如图1-3所示）。

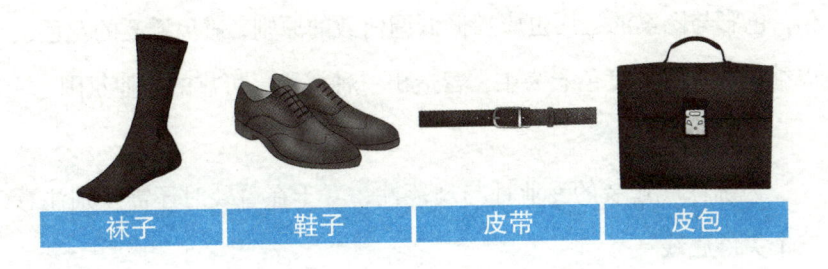

图1-3 男士正装皮鞋袜配饰的选择

袜子：以单一色调为宜，与裤子鞋子颜色协调，建议选择藏青、炭灰、黑色。长度则需确保坐下时不露出脚踝皮肤，保持整体的优雅与得体。

鞋子：黑色皮鞋以其经典百搭成为职场首选，其次是深棕色。系鞋带皮鞋款式不仅更为正式，还能有效防止脱落，是职场男士的理想选择。鞋子需常打理，尽量保持干净整洁，无污渍。

皮带：应避免编织、帆布、大logo、明显花纹等过于休闲或张扬的款式，选择针孔式皮带更为合适，既符合职场氛围，又能彰显穿着者的低调与品位。

皮包：单肩、双肩包均可。建议至少能够装下A4纸和笔记本电脑为宜。

女士正装的选择范围与底线 ▶▶

（1）要求

在正式商务场合中，职业女装的选择至关重要，它不仅体现了个人职业素养，更代表了公司的形象与风度。

理想的职业女装应秉持简约而不失高雅的原则，首要要求是避免暴露过多肌肤，确保着装得体而庄重；设计上，应以直线条为主流，这样的款式能够勾勒出干练利落的身形轮廓，彰显女性的专业与自信；色彩与图案的运用也应遵循低调内敛的原则，避免繁复的花色，以纯色或低饱和度色彩为主，营造出一种沉稳、可靠的职业氛围。

（2）三个底线

为确保职业装的专业性与规范性，女士在着装时还需特别注意三个关键底线：

一是，领口设计不应低于腋下平行线，保持端庄的职业形象；

二是，袖口长度需适宜，最短可齐胸，但在正式商务场合应避免任何可能暴露腋下的服装，以尊重并符合商务礼仪；

三是，裙装则应以膝盖以下为标准长度，展现优雅与端庄，同时便于行动自如。

（3）布料

布料的选择同样不容忽视，它直接影响到服装的质感与整体效果。职业套装应选用挺括、有质感的面料，如羊毛、亚麻或高品质混纺材料，这些面料不仅穿着舒适，还能有效塑造出笔挺的线条感；在花色选择上，应坚持简约原则，整套服装颜色搭配不宜超过三种；如果选择花纹的布料，则以纯色或暗纹设计为佳，避免过于张扬或复杂的图案，确保整体形象的和谐统一。

（4）女士职场鞋袜的选择

鞋袜作为整体造型的点睛之笔，其重要性不言而喻。

- 鞋子：在正式商务场合，鞋子应以 3~5 厘米的中跟鞋为主，既能提升气质，又不失稳重。8cm 以上适合社交场合。鞋头设计可根据场合灵活调整，但总体而言，圆润或微尖的设计更为百搭，既显优雅又不失亲和力。职场首选前不露趾、后不露跟、无夸张装饰、无耀眼颜色的鞋子。
- 袜子：透明肤色袜是夏季正式场合的首选，它能与各种颜色的鞋子及肤色完美融合，营造出优雅整洁的视觉效果。其次是黑色不透明袜，在冬日可以巧妙搭配。穿裤装时，可以选择裸色短袜。在社交场合可以选择不穿袜子，但是不推荐正式场合也不穿袜子。需要注意的是，在任何正式场合，都应避免穿着过于花哨、夸张的袜子，以免给人留下不专业的印象。

如果我现在要代表公司去和一家供应商谈判，在选择鞋子时，鞋跟是高一点好，还是低一点好？鞋头圆一点还是尖一点好？答案一定是：选择稍高且设计略带尖头的鞋子，穿出"气场两米八"的气势。

如果我现在要去重要的领导办公室汇报工作，该如何选择鞋子呢？答案肯定是：鞋子不宜过高、过尖，选择低跟或平跟鞋更为合适，同时确保行走时无声，以体现对领导的尊重与重视。

知识链接

（1）形象对个人成长的影响

很多年前，看过一期《杨澜访谈录》，节目中杨澜女士讲述了一段自己的经历，对我影响非常大。

以下是杨澜女士的讲述：

1995年的冬天，如果我再找不到工作，灰溜溜地回国几乎成为唯一的选择。可我再一次被拒绝了。想起那个面试官的表情，我非常想抓狂。她竟然说我的形象和我的简历不相符而拒绝继续向我提问。我低头看自己的打扮，很明显，因为穿着问题，我被她鄙视了。我发誓我可以用我的能力让她收回对我的鄙视。但我没有得到表现我能力的机会。

我的房东莎琳娜太太是一个很苛刻的中年女人。她规定我必须午夜十二点之前熄灯睡觉，规定我必须在十分钟之内从浴室出来，规定我如果不穿戴整齐就不准进入她的客厅，不准我用她漂亮的厨房做中餐，她甚至规定我在她有客人来访的时候必须涂口红！

我非常讨厌莎琳娜这种所谓的英伦女人的尊严。但所有人都说，莎琳娜是最好的寄宿房东。我看不出她好在什么地方。就好比，当我很多次面试失败回来后，厨房里一点吃的都不会有。并且如果我上楼发出声音，她会站在卧室门口很大声地指责我。

我刚刚洗完头发，坐在床上一边翻看报纸的招聘信息一边吃我带回来的面包卷。这违反了莎琳娜的原则。她冲上前来，一把夺过我的面包和报纸，用英文大吼："你这个毫无素质的中国女孩！你滚出我的家！于是我披散着头发，在睡衣外裹上大衣冲出了门。"

二十五年来，我以非常漂亮的成绩和能力一路所向披靡。从来没有人说我没有素质。我们家并不贫穷，但二十五年来我的妈妈一直告诉我，能力才是最重要的。我不能明白以貌取人在这里居然成为一个正义的词语。这简直是对我二十五年人生观的侮辱！

我愤怒地冲进一家咖啡馆。天气实在太冷。我也很饿。咖啡馆里的人居然很多。侍者以一种奇怪的眼神把我引到一个空座位边。那是咖啡馆里唯一的空位。我的对面是一个英国老太太。她看起来比莎琳娜更加讲究，就像伊丽莎白女王一样尊贵与精致。我不由下意识地收起自己宽松睡裤下的运动鞋。然后我看到她裙子下着了丝袜和漂亮高跟鞋的腿，以她这样的年纪，却仍然把这样的鞋子穿得非常迷人。

在欧洲的很多高级餐厅里，衣衫不整是被拒绝进入的。我想我能进来的原因大概是因为我穿了价值不菲的大衣。我不由得暂时收起自己的愤怒，说："给我一杯热咖啡。谢谢。"

侍者走开后，对面的老太太并不看我。而是从旁边拿了一张便笺写了一行字递给我。是非常漂亮的手写英文："洗手间在您的左后方拐弯。"我抬头看她，她正以非常优雅的姿势喝咖啡，没有看我半眼。我的尴尬难以言明。第一次觉得不被尊重是应该的。

我走到了洗手间，看到镜子里的自己，我的头发被风吹得非常凌乱，我的鼻子旁边甚至还沾了一点面包屑！虽然我的大衣质地非常好，但我的睡裤被它衬得更老旧。我第一次有点看不起自己。这样的打扮，我有多不尊重自己，以致使别人觉得我也不尊重她们。我想起下午去面试时自己的日常便装，那应该也是对一个高级经理职位的不尊重吧？

当我再回到座位的时候，那个老太太已经离开了。那张留在铺了细柔格子桌布的餐桌上的便笺多了另一句漂亮的手写英文："作为女人，您必须精致。这是女人的尊严。"

我逃也似的走出了那家咖啡厅。莎琳娜竟然坐在客厅里等我，一见我就对我说我超过了十二点十分钟才回来，所以明天必须去帮她清洗草坪。我答应了她，并向她道歉。

我发现莎琳娜教了我许多有用的东西：十二点之前睡觉能让我第二天精神充足，穿戴整洁美观能让别人首先尊重我，穿高跟鞋和使用口红使我得到了更多绅士的帮助，我开始感觉自己的自信非常充足而有底气，我不再希望别人看我的简历来判断我是不是有能力。

我最后一次面试，是一家大型化妆品公司的市场推广。我得体的着装打扮为我的表现加了分。那个精致的干练的女上级对我说："您非常优秀，欢迎您的加入。"

我没有想到，我的上级居然就是我在咖啡馆里遇到的那位英国老太太。她非常有名！是这个化妆品牌销售女皇！我对她说："非常感谢您。"

是真的非常感谢她。非常感谢她那句："作为女人，您必须精致。"虽然她没有认出我。是的。没有人有义务必须透过连您自己都毫不在意的外表去发现您优秀的内在。您必须精致。这是女人的尊严。我在后来的后来，都一直记得！

（2）形象对家庭关系的影响

一位漂亮的女同事，结婚以后不再化妆。生了孩子以后，干脆把头发也剪短了。看到她一张素脸已不如往昔漂亮，除了岁月痕迹，不加修饰的脸上写满随意和不讲究。我们都问她："你不在乎形象了？"她肯定地回答说："我都结婚了，还化妆给谁看？"

上班穿着职业装和高跟鞋，下班后直接换上运动鞋就匆忙赶地铁回家。大家看到她慌张赶路的狼狈样子，也曾提醒她从容一点，可她觉得早点回家照顾孩子更重要。

　　设想一下：当她匆忙而邋遢地回到家里，孩子愿意扑到她怀里吗？我们当然不怀疑孩子对妈妈的爱，但我们也不得不关注，孩子的认知逐渐成熟之后，很难不比较。

　　再想一下：一个男人愿意看到他的妻子不加修饰写满凑合的脸庞，还是愿意看到一张精致、明媚、自信的淡妆轻抹的脸？反之一样，一个更加在意自己形象的先生，同样会得到妻子多一分尊重和欣赏。

　　女人打扮自己，当然不是只为了给爱人看。最重要的是给自己一分自信，也给爱人一分尊重和欣赏，更给孩子一种正向而美好的引导，一幅美丽而多姿的画面。

　　经常有姐妹找我哭诉说先生不如从前般爱她之类的话题。我看了看她凌乱的发丝、一身随意搭配的衣服和一脸憔悴的容颜，说："从现在开始认真打扮自己，因为只有自己呈现出让自己满意的形象，才会有自信和底气地走下去。否则，就永远以一个失败者的感受去面对问题，对解决问题无任何帮助。"

　　也有姐妹聊到在职场发展不如意，一脸茫然和失落。我也会告诉她："我不了解你职场的具体现状，但请从最可改变的开始，打扮自己、充实自己，让自己成为那个可信赖、有气场、精致而悦目的人。在这个过程中，也许你就能找到答案。"

　　当一个女人为自己精心打扮的时候，她会在潜意识告诉自己：我这样认真对待自己，因为我值得。孩子很重要、爱人很重要，但是女人自己要把自己当回事，只有自己是一道阳光，才能把温暖照耀到身边人的身上和心里。

　　形象不仅是外在展现，更是自信、尊重和爱的体现。婚后女性不应忽视自我形象，打扮不仅为取悦他人，更是自我尊重与提升，邋遢形象可能影响亲子关系，也影响伴侣间的欣赏；女性打扮自己，能给孩子正向引导，给伴侣尊重与欣赏，同时增强自我自信与底气；职场发展不如意时，从打扮自己开始改变，成为可信赖、有气场的人。形象是自信、得体与审美的展现，让人知道你值得信赖。认真对待生活与工作，是重要大事。

（3）形象对家庭教育的榜样作用

在某一个百货大楼的员工培训课堂，其中一位中年女士非常突出：明显比其他同事年龄大，但很认真学习。课间休息交流中才得知，这位女士当了八年的家庭主妇，因为孩子的几句话促使其再次走上社会开始工作。

早上送孩子上学，还没有到学校，孩子就要求提前下车，下车后回头跟妈妈说："妈妈，你为什么不上班啊？"第二天，同样的时间、同样的地点，孩子又提前下车，回头又跟妈妈说："妈妈，你为什么从来都不擦口红呀？"

这位妈妈因为孩子的几句话，毅然决然走出家门，穿上职业装，坚定地站在了一家干洗店的柜台前开始热情地工作。她没有畏惧自己已经脱离职场太久，因为孩子那两个最简单却最难回答的问题，让她不退缩、不犹豫，作为母亲，没有什么比给孩子树立一个他心中的榜样更为重要的了。

我们每个人都在为孩子创造更多的学习机会和更好的物质条件，但有多少家长真正考虑过什么才是孩子真正想要的，和最为需要的？

当你要求孩子专心学习的时候，你是否也放下手机，认真地看一本书？当你要求孩子打理穿戴整齐时，你是否也是发丝不乱、面容清爽、衣冠整齐？成为孩子的榜样，而不是要求他做这做那，视觉给人的冲击远比语言，所谓身教重于言传。

* * *

形象管理是一项能力、是一门技术，更是一门艺术，是需要花时间和精力去培养的气质。越来越多的人意识到形象对于家庭、个人、企业的重要性。当走出家门，"我"代表着家庭的教育，俗称"教养"；当走出校园，"我"代表自己所接受的教育，俗称"知识"；当进入社会，"我"代表所在的集体或个人，称之为"素养、素质、涵养"；当走出国门，"我"代表的不仅仅是个人，更肩负着国家形象的责任！

形象管理，作为一门细腻而深邃的艺术，其精髓远不止于简单的取悦自我，它更是一场关于和谐共生的美学实践，旨在实现自我与周遭环境的完美融合，达到"悦己""悦人""悦目""悦心"的多重境界。

悦己，是一种自我表达的方式。 每个人都可以根据自己的喜好进行穿着打扮，展现自己的个性和风格。通过选择适合自己的颜色、款式和配饰，不仅能够提升自信心，还能够在日常生活和工作中带来愉悦的心情。

悦人，是要求我们在追求个性化的同时，也要考虑他人的感受。 得体的打扮不仅能够让人留下良好的第一印象，还能够在不同的社交场合中展现出尊重和礼貌。在保持个性的同时，传递出友好、专业与亲和力的信号，促进人际关系的和谐与顺畅。

悦目，是同时展现职业美和个性美。 在职场中，专业的着装可以提升个人的职业形象，增强他人的信任感。同时，通过巧妙地融入个人的风格和特色，如独特的配饰或个性化的发型，可以在保持专业的同时，展现个性美。这种平衡是形象管理的艺术，也是提升个人魅力的关键。

悦心，是一种源自内心深处的幸福与满足，是形象管理的终极目标。 当我们的形象得到他人的认可与尊重时，这份来自外界的正面反馈会进一步强化我们的自我价值感与成就感，从而更深刻地体会到"悦人悦己"的幸福真谛，让生命因美好形象而更加精彩纷呈。

形象管理是一个持续的过程，需要个人不断地学习、尝试和调整。

通过不断地优化自己的形象，个人可以在不同的生活场景中展现出最佳的自我，实现自我价值和社会价值的双重提升。

03 | 好"底子"展现好"面子"

良好的肌肤状态,无疑是一张亮丽的名片,它不仅能直观展示出一个人的健康状态和生活品质,更是自信与魅力的自然流露,是专业形象的加分项。当我们以良好的肌肤状态面对同事、客户或是公众时,那份由内而外散发的自信,能让我们更加游刃有余,赢得更多的信赖与尊重。

皮肤的基本护理 ▶▶

要想拥有健康、有光泽的肌肤好"底子",科学养护是关键。这既是一种需要融入日常生活的习惯,也是一门值得我们深入学习与实践的学问。只有当我们给予皮肤适当的关注和细致的护理,才能为其打下坚实的健康基础,进而打造出更加专业和得体的职业面部妆容。以下是对皮肤保养生活常识的深入解读:

(1)内部调理

充足睡眠:睡眠是皮肤修复和再生的黄金时期。建议每晚保持 7 至 8 小时的充足睡眠,以维持皮肤的健康状态。熬夜会导致体内激素水平不稳定,进而引发黑眼圈、眼袋、皱纹等问题。

均衡饮食:多吃富含维生素 C、维生素 E 和抗氧化剂的食物,如水果、蔬菜、全谷物和富含健康蛋白质的食物。这些食物有助于皮肤抵抗自由基的损害,保持皮肤弹性和光泽。尽量避免高盐、高糖、高油食品，以及辛辣刺激性食物，这些食物可能加重皮肤负担，导致皮肤问题。

充足水分：每天保持足够的水分摄入，有助于促进新陈代谢，保持皮肤的水分平衡。建议每天至少喝8杯水，以满足身体对水分的需求。

适量运动：运动可以促进营养和氧气的循环，带给肌肤健康和光泽。定期进行适量的运动，如散步、慢跑、瑜伽等，有助于改善皮肤状态。

保持心情愉悦：心情愉悦有助于减少压力、焦虑和紧张情绪，这些情绪可能会对皮肤产生负面影响，如引发肌肤敏感或提前老化等。因此，保持积极的心态和愉悦的心情也是保养皮肤的重要一环。

（2）外部护理

温和清洁：每天早晚使用温水和温和的洁面产品清洁脸部皮肤，避免使用含有刺激性成分或硬质颗粒的洁面产品。这样可以防止破坏皮肤的天然屏障，保持皮肤健康。

恰当保湿：根据自己的肤质选择适合的保湿产品，如乳液、面霜或保湿精华等，并确保每天使用。保湿有助于保持皮肤水分，预防干燥和粗糙。

严格防晒：紫外线是皮肤老化的主要原因之一。因此，无论天气如何，出门前都应涂抹防晒霜，以保护皮肤免受紫外线的伤害。选择SPF值适合自身肤质和所需防晒强度的防晒产品。

使用抗氧化护肤品：抗氧化剂有助于抵抗自由基对皮肤的损害。定期使用含有抗氧化成分的护肤品，有助于保持皮肤年轻态。

（3）专业护理与医美手段

光子嫩肤、水光注射等保养项目：这类医美项目可以通过专业设备和技术改善皮肤质量，如提亮肤色、减少皱纹、淡化色斑等。但需注意选择正规医疗机构和医生进行操作，以确保安全和效果。

针对性治疗皮肤问题：对于一些顽固的皮肤问题，如痤疮、色斑、皱纹等，可以寻求专业医生的帮助，进行针对性治疗。医生会根据个人情况制定个性化的治疗方案，以达到最佳效果。

仪容打造的基本原则 ▶▶

在职场中，仪容的打造是个人形象管理的重要组成部分。它不仅关乎个人的审美和品位，更是专业度和职业素养的体现。

（1）自然

在职场中，无论男士还是女士，妆容都应追求自然美。美的自然，也要自然美。这意味着妆容应适度而不过分，既要精致修饰，又不能显得过于寡淡或浓艳。通过轻薄的底妆、柔和的眼妆与恰到好处的唇色，不仅能保持自然和真实，有效提升气色，更能在不经意间流露出自信与活力。自然的妆容就像是清晨的第一缕阳光，温暖而不刺眼。

（2）美化

美化自己的五官是仪容打造的重要环节。通过妆容修饰技巧，可以让五官更加立体与协调。例如，使用眼线笔和睫毛膏可以增强眼部的轮廓，使眼睛看起来更有神采；通过适当的鼻影和高光，可以修饰鼻梁，使面部更加立体；选择适合自己肤色的腮红和口红，可以增添面部的红润和活力。

（3）协调

妆容不仅要美观，更要与服饰、身份和场合相协调，避免一味追求时髦和个性。例如，在正式的商务场合，应选择简洁大方的妆容；在较为轻松的内部会议中，可以适当融入个性元素，但也要避免过于夸张。妆容的协调性可以让我们更好地融入环境中。

（4）避众

在公共场合化妆或补妆应避开人群，选择休息室、洗手间等私密场所进行。就像是在图书馆里小声交谈，是一种对他人的尊重和自我素养的体现。优雅不在表面，而在细节之中。通过这样的小小举动，我们能够展现出成熟、专业的职场风范，赢得更多人的尊重与好感。

职场仪容的打造，这不仅仅是为了美丽，更是为了展现我们对生活的热爱，对职业的尊重。 在每一个清晨或步入各式场合时，如果我们都能焕发出光彩，就能更好地迎接职场中的每一个挑战，把握每一个机遇。

男士仪容清洁感打造 ▶▶

科学的皮肤养护理念已经深入人心，无论性别、年龄，都需要关注。在当今社会，男士使用护肤品早已不再是稀奇之事，而皮肤的管理也日渐成为现代男士的一种日常追求和生活习惯。鼓励男士使用最基础的"洗护防"三样护肤品：洗面奶、护肤乳、防晒霜。

（1）洗面奶

男士的形象，最重要的是传递出清洁感。因此，早晚清洁面部，使用洁面产品是必不可少的步骤。此外，每天还应检查胡须和鼻毛，确保它们被定期修剪得干干净净，这样才能更好地展现出整洁、清爽的形象。

（2）润肤乳

使用润肤乳不仅仅是为了让自己感觉舒服，更重要的是它能让皮肤保持滋润，从而更加健康。到了干燥的冬季，皮肤容易变得干燥紧绷，此时使用滋润型的润肤露就显得尤为重要。虽然男士可能不像女性那样对护肤品有着如此多的要求，但一支能保持皮肤滋润的护肤品仍然是必备的。

（3）防晒

至于防晒，这一步骤往往被部分男性所忽视。然而，紫外线对皮肤的伤害不分性别，其导致的皮肤老化、色斑甚至病变问题不容忽视。因此，无论是户外工作者还是日常通勤，涂抹适量的防晒霜都是对肌肤的有效防护。防晒产品不仅能减缓紫外线对皮肤的直接伤害，还能在一定程度上预防因日晒引发的皮肤问题。

初入职场的李明，每天匆匆洗脸出门，胡须和鼻毛也时常"自由生长"。然而，在一次重要的客户见面会上，他不修边幅的形象给客户留下了不够专业的印象，直接影响了项目的推进。张华是一位经常往返于世界各地的商务人士，长时间的飞行和时差让他面临着皮肤干燥、暗沉等挑战。但是，他有"洗护防"的习惯，无论身处何地，总能保持整洁清爽的形象。

所以，男士仪容的清洁感打造，不仅仅关乎外表的整洁与美观，更是对自我形象的尊重与塑造，以及对生活品质的追求。

女士职业装容标准 ▶▶

女士职业装容的精致标准，远不止于口红色号和粉底品牌的选择，或者是眼影颜色的搭配，更为关键的是面部的比例协调。根据当今社会主流审美的标准，人们往往追求"三庭五眼、四高三低"的理想面部比例（如图1-4所示）。

"三庭"是指面部横向的比例划分，分为上庭、中庭和下庭。上庭指的是从发际线到眉心的距离，中庭是从眉心到鼻底的部分，而下庭则是从鼻底至下巴的区域。当这三庭的比例越均等，面部的横向比例就越显得标志与和谐。

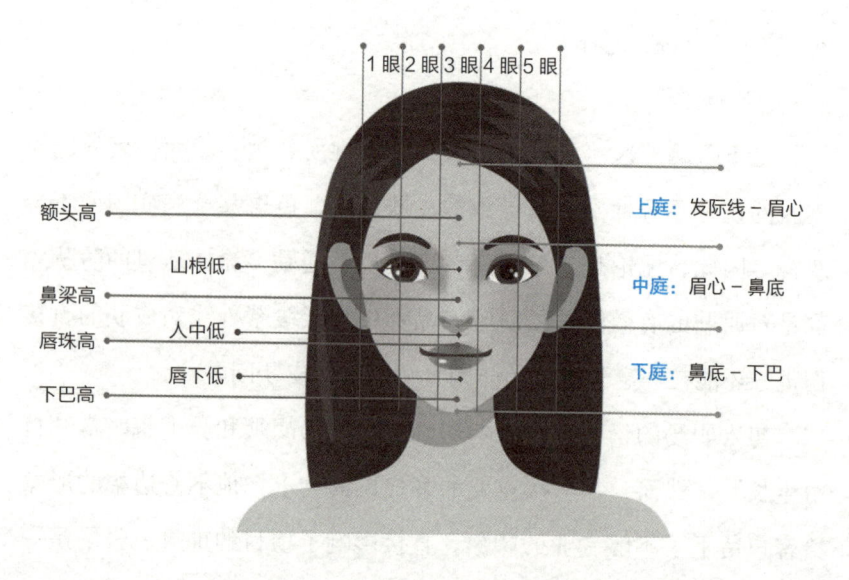

图 1-4 "三庭五眼、四高三低"示意图

"五眼"则是从纵向的视角出发，以眼睛的宽度为基准，衡量面部宽度的美学标准。理想状态下，从面部两侧的太阳穴或脸颊最宽的位置开始，整个面部宽度恰好等于五个眼睛的宽度。当这个比例越均等时，面部的纵向比例就越显得协调和美观。

而"四高三低"则是从侧面观察面部时的审美标准。"四高"指的是额头高、鼻梁高、唇珠高，在侧面看起来面部更加立体和有层次感。"三低"则是指山根低、人中低、唇下低。这种高低错落有致的侧面轮廓，形成了丰富的曲线美，让女性在职场中更显优雅与魅力。

为了接近"三庭五眼、四高三低"的理想比例，可以通过高光和阴影的修饰方法来进行调整。利用高光来突出面部的亮点，如鼻梁、唇珠等，可以增加面部的立体感；而阴影则可以用来修饰面部的轮廓，使得整体比例更加和谐和美观。通过这样的修饰方法，即使不是天生的理想比例，也可以通过巧妙的化妆技巧来打造出更加完美的面部轮廓。

尽管"三庭五眼、四高三低"作为美学上被广泛接受的面部比例标准，确实为审美提供了一定的框架，但每个人的面部轮廓与特征都是独一无二的。在追求比例协调的同时，也应该注重个性化的修饰。通过了解自己的面部特征，选择适合自己的修饰方法，可以使面部修饰更加自然贴切。

很多人或许会心生疑惑，究竟什么样的妆容才算是真正的淡妆？又如何明确区分淡妆与浓妆之间的界限呢？一个简单而实用的方法是，从社交距离的角度出发进行考量。在日常生活中，我们与他人的交流距离大多维持在1至2米之间。因此，建议在完成妆容后，不妨后退几步，站在距离镜子大约2米的地方来审视自己的妆容。在此距离下，淡妆的理想状态应是色彩柔和、层次分明但不突兀，能够轻微修饰肤色与面部轮廓，同时保留肌肤原有的质感和光泽，让人感觉妆容仿佛是肌肤自然散发出的好气色。

具体而言，淡妆的妆感应体现在以下几个方面：

（1）底妆

底妆的关键在于追求自然、轻薄且持久的妆效。对皮肤的瑕疵、色斑、痘痘进行适当的修饰，力求呈现自然无瑕的肌肤质感，但同时又不会显得过于厚重。

①产品：对于淡妆而言，气垫BB霜或轻薄质地的粉底液是不错的选择。如果面部有瑕疵（如痘痘、黑眼圈等），可以使用遮瑕产品进行局部遮盖。

②色号：选择与自己肤色相近的底妆色号，避免色差过大导致妆容不自然。

③上妆技巧：采用少量多次的上妆手法，将底妆产品均匀涂抹于面部。这样能够轻松打造出自然裸妆效果，同时保持肌肤的通透感。

（2）眉毛

眉毛的修饰也应以自然为主，避免过于夸张或刻意的形状。尽量保持眉毛原有的生长方向和形态，只进行适度的修整和填充。

①眉形：根据个人的脸型特点，选择合适的眉形可以有效修饰脸型，使面部看起来更加和谐。例如，长脸型适合较平缓的眉形，而圆脸型则适合有轻微弧度的眉形以拉长面部线条。

②颜色：眉毛的颜色应与发色和肤色相协调。对于淡妆而言，选择比发色稍浅一些的眉笔或眉粉进行填充，可以使整体妆容看起来更加自然柔和。

（3）眼睛

眼妆是淡妆的关键，通过色彩、线条和层次的运用，可以使眼睛更加有神、深邃或迷人。

①眼影：建议选择中性色调（如棕色、米色、灰色等）或自然色系（如粉色、桃色等），这些颜色容易上手且不易出错。

②眼线：使用黑色或棕色的眼线笔、眼线胶或眼线液笔填充睫毛根部，使眼睛看起来更加深邃。然后沿着睫毛根部画出外眼线，可以根据个人喜好和眼型选择粗细和长度。想要自然效果可以画得细一些，想要放大眼睛效果可以画得稍微粗一些并微微上扬。

③睫毛膏：根据个人需求，可选择增长型、浓密型或卷翘型睫毛膏，涂抹时从睫毛根部开始，向上刷涂，避免结块或苍蝇腿现象，同时，也要避免过于浓密或夸张的睫毛效果。

（4）唇部

唇部的滋润与显色是妆容精致度的重要体现。无论是吃饭后、上岗前还是见客户之前，都不妨涂上一层口红，让自己看起来更加精神饱满、自信迷人。

①颜色：选择接近唇色的唇膏或淡粉色、裸色系的唇釉，营造出水润饱满或自然裸唇的效果，避免使用过于鲜艳或高饱和度的唇色。

②唇形：如果唇形不够完美，可以使用唇线笔进行修饰。先勾

勒出理想的唇部轮廓，然后用唇膏填充内部。注意唇线笔的颜色要与唇膏颜色相近或一致。

（5）腮红

腮红可以为妆容增添气色，使脸部看起来更加立体和生动。可以根据自己的实际情况来决定是否需要腮红。

①颜色：了解自己的肤色是冷色调、暖色调还是中性色调，然后选择适合的腮红颜色。常见的腮红类型包括粉状、膏状和液体腮红。

②位置：通常腮红的位置在颧骨上，即微笑时面部突起的部位。从太阳穴下方开始，向内延伸至苹果肌。另外，还需要根据脸型进行微调。例如，长脸型可以将腮红打高一些，短脸型则打低一些；宽脸型可以用深色腮红在颧骨下方做阴影，以拉长脸型。

③手法：上腮红时要保持手法轻柔，避免用力过猛导致颜色不均匀或破坏底妆。

综上所述，淡妆的关键在于自然与精致之间的微妙平衡。通过细致的修饰与合理的色彩搭配，我们可以轻松打造出既符合日常需求又不失个人魅力的淡妆效果。

04 ｜ 从"头"开始打造干练气场

对于每一位职场人士而言，发型绝非仅仅是个人外貌的点缀，它是构建职业形象不可或缺的一环，深刻地影响着我们的职场表现与人际关系。一个经过精心设计与打理的发型，能够极大地提升个人的职场魅力与专业风采，让您在同事与客户之间树立起更加鲜明、专业的形象。

站在客户的角度，想象一下，当您以一头整洁、得体的发型步入办公室或会议室时，这不仅仅是对自我形象的一种肯定，更是对职场环境的尊重与重视。这样的发型无形中为您增添了一份权威感，使您在讨论、汇报或决策时更加自信，更容易赢得他人的信赖与尊重。

发型作为一种非语言的沟通方式，其力量不容小觑。它能够向他人传递出积极、专业的信号，帮助您在职场上建立起良好的第一印象。一个合适的发型，能够凸显您的个性特点，同时与您的职业身份相得益彰，让您在人群中脱颖而出。

此外，随着职场环境的不断变化与多元化，发型也成为展现个人风格与品味的重要窗口。通过选择适合自己的发型，您可以更好地表达自己的职业态度与生活方式，与同事和客户建立起更加紧密、和谐的关系。

因此，不妨将发型视为职场成功的一大助力，定期寻找专业的发型师进行咨询与设计，确保您的发型始终与职业形象保持高度一致。相信在这样的努力下，您的职场之路必将更加顺畅，成就更加辉煌。

重要正式场合的发型规范 ▶▶

在严肃而正式的场合，无论性别、发长乃至发量如何，都应将头发整理得符合一定的规范，即：前不压眉、侧不盖耳、后不及领。这一发型规范不仅体现了个人形象的专业性，也彰显了对场合的尊重。

①前不压眉：确保额头得到适当的展露，至少露出眉毛。在职场或公众场合，这样的发型能够彰显出个人的干练与精致，传递出一种不容小觑的专业气场。电视上的公众人物，他们常选择露出全脸，这不仅是为了上镜效果，更是为了展现出一种开放和自信的姿态。

②侧不盖耳：指的是两侧头发不应触碰到耳朵的上边缘。在沟通交流的过程中，耳朵的露出与否确实会给人带来不同的感受。当耳朵完全展露，同时伴随着身体微微前倾，这样的姿态流露出"洗耳恭听"的谦逊与专注，有助于营造更加积极和深入的交流氛围，也是良好社交礼仪的体现。

③后不及领：指的是颈部的头发不应盖住衣领。露出脖子不仅有助于展现一种向上的精气神，也使得整体着装更为整洁、利落。在中国传统文化中，头发的打理一直有着严格的规矩。如今，在不同的行业和文化背景中，也存在着各自独特的发型规范和要求。遵循这些规范，不仅是对传统的尊重，也是现代职业素养的体现。

女士主流发型 ▶▶

根据流行趋势和不同的职业要求，职业发型通常可划分为以下三大经典类别：

（1）利落的短发

短发，以其简约而不失时尚的特质，深受众多职场精英的青睐，特别是在一些快节奏的工作环境。这种发型不仅易于打理，更能在视觉上塑造出一种干练和专业的形象。短发的款式多样，可以根据个人的脸型和发质进行选择。例如，脸型较为圆润的人可能更适合齐耳短发，以增加脸部线条的立体感；而脸型较为瘦长的人则可以尝试波波头，以增加脸部的丰满感。

（2）束起的长发

对于拥有长发的女性职场人士而言，建议将头发束成马尾或编成辫子。无论是卷发还是直发，在束起之后都能展现出一种知性而优雅的韵味。不仅能确保发型的整洁度，还能有效避免在工作或社交场合中因头发遮挡视线或触及衣物而造成的不便（如图1-5A所示）。

（3）典雅的盘发

盘发，作为职场发型中的经典之作，以其稳重、成熟且不失高雅的气质，成为众多正式商务场合及重要社交活动的首选。盘发的款式可以根据个人喜好和场合要求进行选择，比如简约大方的低盘发，或者高贵典雅的高发髻。盘发不仅能够完美展现职场人士的颈部线条，提升整体造型的层次感与立体感，还能在无形中透露出一种从容不迫、胸有成竹的自信态度，让人印象深刻。比如，在一次重要的商务会议或晚宴上，女性高管更适合选择将长发盘成一个优雅的高发髻（如图1-5B所示）。

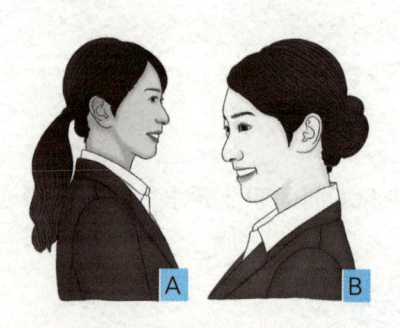

图1-5 女士主流发型（A：束起的长发 B：典雅的盘发）

男士主流发型 ▶▶

男士的发型选择也与职业形象和社交场合紧密相关。以下是几种经典且具代表性的发型选择：

（1）商务短发

商务短发以其整洁、干练的特点，成为商务及正式场合的首选。这种发型通常将头发修剪至耳朵上方，后颈部位则更为短促，适合商务和正式场合（如图 1-6A 所示）。

（2）侧分发型

侧分发型是经典的商务发型，头发从一侧分开，通常搭配轻微的卷曲或纹理，展现出成熟稳重的形象。这种发型要求精细的打理，通常使用发胶等造型产品加以固定，确保在任何环境下都能保持其优雅与精致。特别是在户外活动中，有效避免风吹后的凌乱感，始终保持一种"有备而来的专业精致感"（如图 1-6B 所示）。

（3）卷发发型

适合自然卷或烫卷的男士，可以灵活打造出从休闲到正式的多变风格。无论是蓬松的波浪卷还是紧致的螺旋卷，都能为男士增添一份独特的魅力（如图 1-6C 所示）。

图 1-6 男士主流发型（A：商务短发 B：侧分发型 C：卷发发型）

（4）寸头发型

寸头是一种非常短的发型，几乎接近头皮，展现出简洁、硬朗的风格。这种发型特别适合追求极简主义与现代感的男士。在炎热的夏季，寸头更是成为许多男士的首选，既清爽又便于打理。

三个值得关注的要点 ▶▶

发型的打造和选择，还需要根据场合、发质和脸型来进行选择。另外，日常维护和保养也是必不可少的环节。

（1）场合

无论是男性还是女性，都需要根据不同的场合选择合适的发型。在正式的商务会议中，应该选择更为简洁大方和专业的发型，避免过于复杂或夸张的设计。它如同一张无形的名片，传递出专业、严谨与自信。而较为轻松的聚会或团队建设活动中，可以适当融入个人特色与创意，但也要确保不失得体与和谐，避免过于随意或前卫。

（2）发质和脸型

个人的发质与脸型同样是决定发型选择的关键因素。直发的柔顺、卷发的浪漫、细软发的轻盈……每一种发质都有其独特的韵味，配合适合的发型设计，能够最大限度地凸显个人魅力。同样，不同的脸型也需搭配相应的发型来修饰与平衡，如通过层次剪裁拉长脸型，或是利用刘海巧妙遮挡额头，以达到最佳的美学效果。

无论是长发还是短发，适度的蓬松处理是提升整体造型感的关键。通过轻微的蓬松处理，可以有效优化头型与脸型的比例，避免显得脸部过于宽大。尤其是针对亚洲人普遍存在的颅顶高度不足问题，合理的蓬松处理能够显著提升视觉效果，让整体造型更为立体饱满。然而，蓬松的程度需把握得当，既要避免过于松散带来的慵懒感，也要防止紧贴头皮造成的老气与刻板。

(3) 日常维护和保养

为了保持发型的持久魅力，日常的维护与保养同样不可忽视。以下是一些建议：

- 定期修剪：根据发型的需要定期进行修剪，保持发型的整洁和形状。
- 适当护理：根据发质选择合适的护理产品，保持头发的健康和光泽。
- 灵活调整：根据不同的天气和活动选择合适的发型，保持发型的适应性和灵活性。

总之，合适的发型是提升个人形象与职业素养的重要一环。它不仅能在正式场合中彰显出个人的专业与尊重，更能在日常生活中成为展现自我风采的亮丽名片。通过精心选择与细心打理，让我们可以在职场中树立起积极、专业的形象，赢得他人的尊重和信任。

知识链接

古代男子行冠礼，即将长发束起，盘成发髻，随后佩戴冠帽，以示成熟与尊贵。《说文解字》中对"冠"有详细解释，将其视为各种礼帽的总称，是成年的标志。而《礼记·曲礼上》则明确指出："男子二十冠而字"，意味着男子到了二十岁，需举行冠礼并赐予表字，从此正式步入社会，被认可为成年人，这一时期也被称为"弱冠之年"。

古代女子行笄礼，即将头发束起，插上笄，表示已经到了可以出嫁的年龄。《礼记·内则》中记载"女子十有五年而笄"，明确女子十五岁行笄礼，与男子二十岁行冠礼具有同等重要的地位。

在当今社会，虽然许多传统习俗已经发生了变化，但形象和礼仪的重要性依然不变。无论是在职场还是日常生活中，适当的形象和礼仪都是展现个人素养和尊重他人的重要方式。在不同的行业和场合，都有相应的着装和行为规范，这些规范有助于维护社会秩序和提升个人形象。

05 ｜ 彰显专业和品位的手部细节

在《诗经·卫风·硕人》中，用"手如柔荑，肤如凝脂"等诗句来描写齐侯女儿的绝代风华。《风俗通义》中解释道："荑者，茅始熟中穰也，既白且滑。"茅草的嫩芽在古代被视为一种美丽的植物，常被用来比喻女子柔嫩洁白的双手。

手，作为展现个人魅力的重要部分，常被誉为人的第二张面孔。在现代审美意识中，人们不仅关注面部之美，更重视整体的形象及身体各处的细节。在社交场合中，手部的每一次触碰都是无声的自我介绍，人们往往通过观察手部的外观，来推断一个人的修养、健康、生活状态乃至社会地位。

举手投足间，手部的形态与状态能显示出一个人的内在修养和气质。对于女性而言，一双美丽、光滑、细腻的纤纤玉手能够增添魅力；而对于男性而言，修长、整洁、骨骼分明的双手同样能够彰显其独特的风度，赢得他人的好感与尊重。因此，手部的护理与保养，对于追求全面美的现代人而言，实乃不可或缺的一环。

保养及护理 ▶▶

在日常生活和工作中，手部的清洁与护理不仅是个人卫生的体现，更是社交礼仪的重要组成部分。

（1）日常清洁

手部的清洁是礼仪的第一步。确保双手干净、指甲整洁，是对自己和他人的基本尊重。我们不仅要学会了洗手，更应该懂得科学洗手，尤其是指甲缝隙，要经常检查是否藏污纳垢。在社交场合，建议随身携带湿巾或小巧的洗手液，确保在用餐前后及其他必要时刻，手部能迅速恢复清洁状态。

（2）即时保湿

保湿不仅是为了美丽，更是为了健康。每次洗手后，使用护手霜或润肤乳来保湿，避免水分流失导致皮肤干燥，尤其在干燥季节或长时间使用手部的情况下。在重要的商务场合，与一位重要的客户握手时，如果手部皮肤干燥甚至干裂，可能会给对方留下不专业的印象。

（3）定期修剪指甲

保持指甲的整洁与适度长度是手部护理的重要环节，避免过长或尖锐，以减少意外伤害他人的风险。比如，在重要的面试中，如果指甲过长或尖锐，在与面试官握手时可能会给对方留下不整洁的印象。建议将指甲修剪至不超过1毫米的长度，以手掌心正面观察时几乎看不见指甲为宜。同时，根据个人手型与审美偏好，选择圆形、方形或尖形等适合的指甲形状，增添手部的美观度。

（4）定期去角质

去角质可以被看作是手部的"面部护理"。通过去角质，双手就像接受了一次深层清洁的面部护理，恢复了光滑和细腻。建议选用温和无刺激的去角质产品，每周进行1~2次的去角质护理，让手部肌肤焕发自然光彩。

女士职业指甲油选择 ▶▶

在职场中，女士对于涂抹指甲油的选择需细致考量，既要符合所在行业的规范，又要维护个人的职业形象。不同行业因其特性差异，对指甲油的使用设定了不同的界限。

在餐饮和美容等直接关乎客户健康与体验的行业中，出于卫生和客户服务的考虑，明确规定不得涂抹任何颜色的指甲油。比如，在餐厅里，服务员始终保持干净和卫生的双手，让她在服务中显得更加专业和可靠，从而赢得更多顾客的赞赏。

相比之下，在金融、房地产等不直接接触客户皮肤或食物的行业内，对指甲油的使用则相对宽容。为了维护专业且不失亲和力的形象，建议选择透明或浅色指甲油，如裸色、淡粉色等。这些颜色既能展现个人的精致品味，又不会过于张扬。艾琳是一家广告公司的设计师，她特别注意自己的职业形象，在展示创意时，她选择透明或浅色指甲油，以避免分散客户对创意作品的注意力。

此外，在涂抹指甲油时，还应注意细节的处理，确保指甲油的涂抹既完整又美观。这包括选择高质量的指甲油产品，避免出现脱色、起皱或残缺等瑕疵；同时，掌握正确的涂抹技巧，使指甲油均匀覆盖于指甲表面，展现出最佳的视觉效果。

手部动作的控制 ▶▶

在公共场合，双手会无声地传达着我们的内心世界。一个不经意的手势，可能就会泄露我们的不安或紧张。比如，在一场重要的演讲中，如果手指不自觉地摆弄着衣角，或是双手抖动，都可能会给人不自信或不稳重的印象。所以，我们要控制手部动作。同时，避免将手放在口袋里或交叉双臂，这些封闭的姿势可能会在无形中建立起一道障碍，让人产生距离感。

此外，鉴于手部语言在不同文化背景下的差异性和敏感性，进行跨文化交流时，了解并尊重对方的文化习俗尤为重要。例如，在某些文化中，直接用食指指向他人可能被视为不尊重或挑衅的行为，这样的误解不仅令人尴尬，还可能损害双方的关系。

因此，我们应当保持开放的心态，学习并适应不同文化对手部语言的独特解读，我们不仅能够避免误解和冲突，还能够在跨文化交流中展现出我们的尊重和智慧。

总之，手部细节是展现个人专业与品味的重要窗口。通过保持清洁整洁、注重姿态与礼仪、适度装饰以及良好的保养习惯，我们不仅能提升自我形象，更能在人际交往中赢得更多的尊重与信任。

06 | 精选配饰点亮整体形象

在构建个人风格的道路上，衣物无疑是基石，它们为我们搭建了整体造型的基本框架。然而，真正让造型生动起来，让人眼前一亮的，往往是那些精心挑选的配饰。它们如同点睛之笔，为整体形象增添了一抹独特的色彩，让平凡的日常穿搭瞬间焕发新生。

对于每一位追求个性与品位的读者而言，精选配饰不仅仅是对细节的极致追求，更是对自我风格的深刻诠释。它反映着我们的内心世界，彰显着我们的独特气质。无论是简约的项链，还是复古的手表，抑或是别致的耳环，每一件配饰都在无声地讲述着我们的故事，传递着我们的态度。

在挑选配饰时，我们不仅要考虑其外观的吸引力，更要注重它与整体造型的协调性。一件与衣物风格相得益彰的配饰，能够巧妙地提升整体穿搭的层次感，让我们的形象更加立体、饱满。同时，配饰的材质、色彩以及设计细节也是不容忽视的。它们能够影响整体造型的质感，让我们的穿搭更加精致、高级。

此外，配饰的选择还受到场合、季节以及个人喜好的影响。在正式场合，我们可能会选择简约而优雅的配饰来彰显专业与稳重；在休闲时光，我们则可能更倾向于选择个性十足的配饰来表达自我与活力。随着季节的更迭，我们也会根据气温和色彩的变化来调整配饰的搭配，让穿搭更加应景、舒适。

功能性配饰 ▶▶

精心挑选并适当佩戴手链、戒指等手部饰品，不仅能为整体造型增添时尚感，更能在细节之处展现佩戴者的独特品位。在选择时应考虑场合和职业要求，以及色彩与材质的搭配。建议统一材质、统一颜色、统一风格。

商务场合，注重专业性和正式感，因此饰品的选择应以简约、精致为主，避免过于夸张或分散注意力的设计。推荐简约风格的项链（如细链、小吊坠）、小巧的耳钉或细长的吊坠耳环、经典款式的手表、简洁的金属戒指。张总参加一场高端商务晚宴，他选择了一套经典的深色西装，搭配了一件简约的白色衬衫。为了增添一丝不凡，他在左手无名指上佩戴了一枚设计简洁却质感十足的银色戒指，戒指上镶嵌着一颗小巧的蓝宝石，简约而不简单。

社交场合通常需要更加精致和时尚的装扮，因此可以选择一些设计感较强、材质上乘的饰品来提升自己的气质。推荐优雅的项链（如珍珠项链、小吊坠项链）、精致的耳环（如钻石耳环、宝石耳环）、手镯或手链（简约设计）、胸针。李小姐参加了一场慈善晚宴，她身着一袭优雅的晚礼服。为了与礼服相得益彰，她选择了一条由细碎钻石串联而成的手链，简约而不失华丽。此外，她还佩戴了一对精致的钻石耳环，与手链遥相呼应，让她在人群中格外耀眼，成为全场的焦点。

休闲场合注重舒适和自在，因此饰品的选择也应以轻松、随意为主。手链和戒指可以选择简约大方的款式，既不会过于突兀又能增添时尚感。丝巾或发带则可以作为头饰使用，为整体造型增添一抹亮色和活力。周末，王先生穿着休闲的牛仔裤和白色T恤，与几位好友去郊外野餐。为了增添一丝时尚感，他戴了一串木质手链，色泽温润，纹理自然。这样的搭配随性雅致，既符合休闲场合的轻松氛围，又展现了他对自然与简约生活的热爱。

特殊场合，如婚礼、晚宴，通常需要更加华丽和隆重的装扮，因此可以选择一些设计独特、材质上乘的饰品来提升自己的气场。宝石项链和长耳环是重点，能够吸引众人的目光；手镯/手链可以叠戴以增加层次感；戒指则应选择精致且有一定分量的款式；发饰则可以为整体造型增添一抹浪漫和优雅。

婚戒的佩戴：遵循国际通行的礼仪，婚戒应该戴于左手无名指上。在社交场合佩戴婚戒，是一种身份的公示，方便他人选择合适的话题与我们交流，也是一种社会约定俗成的行为习惯。

功能型时尚单品：主要是指手表。在职场环境中，佩戴手表并不仅仅是为了装饰或某种身份象征，它更是一种时间管理的工具，体现了佩戴者对时间的精准掌控与高效利用。试想，如果在紧张的商务谈判中需要快速确认时间时，比起看手机，透过腕间那块精准运行的手表获取时间信息来得更为专业且不失风度。而在户外探险、运动健身等休闲时刻，则可选择具有防水、防震等实用功能的手表，以满足不同场景下的需求。

保持饰品的清洁与选择适合场合的款式同样重要，以确保每一次亮相都既得体又彰显个性。

女士包包选择 ▶▶

在职场中，女性选择包包时，不仅要考虑时尚感，更要考虑其实用性。一个合适的包包不仅能够彰显个人品位，还能在工作场合发挥重要作用。

一个合适的职场通勤包，不应该只关注品牌，品牌一定程度上决定着良好的品质和设计，但笔者认为，包，更应该能装下一个人的职业梦想。它需要够大，大到能装得下资料、合同。另外，如果认为一个大包过于沉重，除了随身携带的包袋之外，还可以再搭配一款公文包，这样可以更凸显职业气质。

以下是根据不同场合的包袋款式推荐：

（1）托特包（Tote Bag）

托特包以其简洁硬朗的线条和大容量著称，它的结构简单，通常为长方形，顶端可以是敞开设计或带有拉链、磁扣等封口设计。

适合律师、咨询顾问等需要携带大量文件的职业，也适合教师等需要携带笔记本电脑等物品的职场人士。

（2）信封包

信封包设计简约而优雅，具有突出的实用性，不仅外观时尚，还能很好地满足职场女性的日常需求，如携带手机、钱包等必需品，符合职场女性的利落感和潇洒感。

适合各种职场环境，特别是需要展现专业性和优雅气质的场合。

（3）双肩包

双肩包以其双肩分担重量的设计，成为职场女性的另一个好选择。它不仅可以解放双手，还便于携带更多的物品。

适合需要长时间通勤或需要携带较重物品的职场女性。

（4）斜挎包

斜挎包以其轻便、时尚的特点受到职场女性的青睐。它通常具有适中的容量，可以满足日常需求。简约大方的款式更为合适，避免过于复杂的设计。

适合日常通勤和商务会议等场合。

（5）手提包

手提包是职场女性的经典选择之一。它以其优雅、大方的外观，展现出职场女性的专业性和品位。适合正式场合和商务会议等需要展现专业形象的场合。选择颜色时，也尽量选择低饱和度的颜色，如黑色、象牙白、裸色、大象灰、卡其色等，更易于搭配衣物。

此外，选择包包时，也要注意应注意其材质和重量，确保既美观又实用。尼龙、帆布、牛皮等材质更耐用也更百搭。其中，尼龙和帆布材质较轻便，适合日常通勤；牛皮等高档面料则更有质感，适合正式场合。

知识链接

在职场中，良好的气味管理不仅能够提升个人魅力，还能够在无形中增强他人对我们的好感。

从香水的文化来看，香水起源于西方。由于西方人汗腺比较发达，香水最初是用来遮臭的。而中国的香最初是用来祭祀的，后来中国古代文人四雅活动中插花、挂画、焚香、点茶，逐渐使香成为营造氛围的重要手段。由于中西方文化中香的起因不同，使用方式也明显不同。现在香水更受欢迎，因为它方便携带，不需要用明火烧制。

（1）香水的浓度

香水可以简单划分为浓、中、淡三个层级，最浓的叫香精，其次是香水，最淡的是香氛，也叫清淡香水。香氛的留香时间大约在 1~2 个小时。建议在职场中选择香氛，因为它很快就能挥发掉。而且有不同类型的选择，有香水、香膏等。

在选用香时，我们有必要来了解一下香水浓度等级划分（如表 1-1 所示）。

表 1-1 香水浓度的等级划分

	浓香水/香精	淡香精	淡香水	古龙水	清淡香水
浓度	20%~30%，甚至可达 40%	15%~20%	5%~15%	2%~5%	1%~3%
特点	香精浓度最高、品质好、香味持久（可达 5~7 小时），扩散性一般较低，香味紧贴皮肤	香味浓郁且持久（可达 5~6 小时），扩散性相对较强，有明显的前调、中调、后调	香味柔和、清爽，前调气味明显，留香时间适中（3~4 小时），是最常见且被广泛使用的香水类型	香味清新自然，留香时间较短（1~2 小时）	香精含量极低，留香时间很短约（1~2 小时），但能给人带来神清气爽的感觉
价格	昂贵	略高	适中	经济实惠	亲民
适用场合	夜晚外出、宴会、正式场合	日常和重要场合	职场、日常	男士沐浴、运动前后、也适合在炎热天气使用	炎热天气或需要快速清新气味的场合
使用建议	只需少量喷于重点部位，以免让他人感到不适	适合白天外出使用，能展现个人品味	适合初次使用香水的人或者居家使用	因其清新的香气和低浓度，常被用作男士香水。但女性古龙水也逐渐增多，为夏日带来一丝清凉	市面上的刷须水、香水剂等都属于这一等级

（2）香水的使用方法

正确的使用方法可以让香水发挥最佳效果。在不同的场合，香水的喷洒位置和用量确实需要相应调整，以适应场合的氛围和礼仪要求。

建议大家在选择香水时尊重文化背景。因为中国人没有很浓的体味，过浓的香水会给他人造成困扰和感官上的不适。建议大家购买香氛。在使用时，请注意不建议学习西方人喷洒在手腕上，这无疑是人体"扩香器"。我们建议中国人使用香水时，可以喷洒在躯干，例如头、颈、肩、腿，甚至是脚踝或者西装内衬。因为香味是由下往上散发的，刚好围绕在自己一臂周长之内，不会给他人的感官带来不适。

（3）香水的用量

使用香水时，应遵循"少即是多"的原则。1~2泵的用量已足够，既能够保持个人的香气，又不会对他人造成干扰。不宜过浓，这也是中国人用香水的礼貌。

（4）香水的味道

香水不仅能够补充或强化个人气质，还能够在不同程度上表达个性和情感。所以，在选择香水时，应考虑个人的穿着风格、生活习惯以及希望传达的情感和信息。

- **清新自然型**：通常性格开朗、活泼，喜欢简单、自然的事物。应选择清新、轻盈的香氛，如柑橘调、绿叶调或海洋调，这些香气能够衬托出清新自然的气质。
- **优雅成熟型**：举止优雅、内敛，具有成熟稳重的魅力。适合选择花香调或东方调的香水，这些香气深沉而富有层次感，能够彰显成熟的气质。

- 浪漫梦幻型：富有想象力，喜欢浪漫和梦幻的事物。可以选择带有柔和花香或甜蜜果香的香水，如玫瑰、茉莉或莓果香调，增添一份浪漫气息。

- 神秘性感型：具有一种难以捉摸的魅力，充满神秘感和吸引力。适合选择东方调或木质调的香水，这些香气浓郁而持久，能够增添神秘感。

- 活力运动型：精力充沛，喜欢户外活动和运动。可以选择清新的柑橘调或带有草本气息的香水，这些香气能够体现活力和动感。

- 知性智慧型：思维敏捷，具有智慧和理性。适合选择清新的果香调或带有轻微辛辣的香气，如柠檬、薄荷或小豆蔻，这些香气能够体现知性美。

- 艺术创意型：具有艺术气质，喜欢创新和表达个性。可以选择独特、不拘一格的香水，如小众品牌或定制香水，展现个性和创意。

职场中应避免食用气味浓烈的食物，如大蒜、榴梿、韭菜等。即便是在休息日，也应确保有足够的时间让食物的味道消散。如果在职场中抽烟，气味可能会附着在衣物、头发和皮肤上，对不吸烟的同事可能造成不适。牙膏、漱口水等口腔护理产品，能够有效去除口腔异味，保持口气清新，是职场交流中不可忽视的细节。

举例：销售员周胜利去客户公司拜访，在走廊与客户公司女领导擦肩而过，女领导闻到周胜利身上的味道：

第一种情况：闻到一股昨晚吃完火锅没换衣服的味道。

第二种情况：闻到衬衫经过清洗和日晒后淡淡的洗衣液清香。

第三种情况：闻到一股淡淡的男士古龙水香味。

如果您是这位领导，更期望与哪一位合作呢？当然是第三种情况下的周胜利。身上带有昨晚火锅的残留气味，给客户留下不修边幅的印象；身上散发着淡淡的洗衣液清香，这不仅展现了他的整洁和干净，还能够给客户留下良好的第一印象；身上一股淡淡的男士古龙水香味，这不仅体现了他的品位，还能够在无形中增强客户的信任感。

认知管理
WORKPLACE
ETIQUETTE

01 从固定型思维到成长型思维的跃迁
02 职场精英认知升维与人生蓝图绘制
03 让业务与人脉构建你的职场护城河
04 精进飞轮构建职场精英人士的四维模型

在当今这个日新月异的时代，技术可以迅速复制，专业知识可以不断学习，但如果我们的认知未能达到相应的深度与广度，那么这些技术和专业知识就如同没有坚实根基的树苗，难以茁壮成长，更难以结出丰硕的果实。认知，恰如大树的根系，唯有根系发达，才能支撑起繁茂的枝叶，使树木在风雨中屹立不倒。

认知能力，是一个人对于世界万事万物的深刻感知与理解，是对自我心理与行为模式的敏锐洞察。在心理学的广阔领域中，自我认知被视为自我调节与人格发展的坚实基石。它如同一面明镜，让我们得以清晰地审视内心，认识真实的自我。

在职业发展的征途中，培养自我认知能力显得尤为关键。它如同一盏明灯，照亮我们前行的道路，引领我们更准确地认识自我、塑造自我，从而更好地适应这个瞬息万变的社会环境。通过提升自我认知能力，我们能够更加客观地评价自己的优势与不足，明确自己的职业定位与发展方向。

认知管理：个人成长与职业发展的根基

在当今这个日新月异的时代，技术与专业知识如同潮水般涌来，既可轻易获取，亦能迅速传播。然而，技术或许能被精准复制，专业技能亦可通过不懈努力而习得，但若缺失了坚实的认知基础，这些技术与专业便如同无根之木、无源之水，难以在风雨中屹立不倒，更难以绽放出璀璨的光彩、结出丰硕的果实。认知，恰似那深埋于地下的树根，唯有其根基扎得深、扎得牢，方能支撑起参天大树的繁茂枝叶，使其在岁月的洗礼中愈发茁壮。

认知能力，实则是个体对世间万物细腻入微的感知与深刻透彻的理解，更是对自我内心世界与外在行为模式的敏锐觉察与深刻反思。在心理学的广阔天地里，自我认知被视作自我调节与人格成长的坚固基石，它如同一盏明灯，照亮我们探索自我、认识自我的道路。

对于每一位在职场中奋力搏击的个体而言，培养卓越的认知能力无疑是通往成功之巅的必备钥匙。它不仅能帮助我们更为精准地剖析自我、定位自我，从而在纷繁复杂的社会环境中找到属于自己的立足之地；更能助力我们在自我塑造的道路上不断前行，以更加成熟、稳健的姿态去适应瞬息万变的社会环境，迎接每一个未知的挑战。因此，在礼仪的书籍中谈及认知管理，实则是在强调这一能力对于个人成长与职业发展的不可或缺性，它如同那滋养树根的甘露，让我们的技术与专业得以在深厚的认知土壤中生根发芽，茁壮成长。

认知管理详解：SWOT、PDCA、四才解读与德才兼备四象限助力职场发展

在本书体系中，认知管理是一个至关重要的部分，它旨在帮助职场人士更清晰地认识自我、理解环境，从而制订出更有效的职业发展策略。以下是认知管理内容的详细概述：

第一，SWOT分析法：这一部分深入剖析了职场个体在竞争中的优势（Strengths）、劣势（Weaknesses）、面临的市场机会（Opportunities）以及潜在的危险（Threats）。通过SWOT分析，读者能够系统地评估自身的内在条件与外部环境，从而明确自己的职业定位，制定出更具针对性的发展策略。这种方法不仅有助于个人发现自身的闪光点，还能让人清醒地认识到自身的不足，为未来的

职业发展奠定坚实的基础。

第二，德才兼备四象限：这一部分进一步细化了职场人才的分类，提出了德才兼备、有德无才、有才无德、无德无才四类人才。通过这一分类，读者可以更加清晰地分析职场中不同类型人的工作状态与特点，从而制订出更加合理的团队协作策略。同时，这一分类也有助于个人进行自我反思与提升，努力成为德才兼备的优秀人才。

第三，职业生涯划三个阶段：第一个阶段是储备能力，蓄势待发；第二个阶段是聚焦长板，自我升值；第三阶段：三个维度，幸福人生。通过对这一部分内容的了解，读者了解自己在不同的阶段需要构建不同的职场核心竞争力，从而获得更好的未来。

第四，PDCA 循环：PDCA 循环，即计划（Plan）、执行（Do）、检查（Check）、处理（Act）循环，也被称为戴明环。在职场中，这一方法被广泛应用于目标管理和持续改进。通过 PDCA 循环，职场人士可以明确自己的职业目标，制订出详细的行动计划，并在执行过程中不断检查进度与效果，及时发现问题并进行调整。这一过程不仅有助于锁定并高效完成目标，还能让人逐步掌握达到目标的有效步骤与方法，不断提升自身的职场竞争力。

01 | 从固定型思维到成长型思维的跃迁

周一早晨，空气中弥漫着初夏特有的清新与活力，阳光透过公司大楼的落地窗，洒在光洁的大理石地面上，形成斑驳的光影。夏伊和李乐在接到人力资源部的录取通知后，心中充满了激动与期待。按照约定的时间，他们早早地起床，精心打扮，以最佳的状态迎接这个重要时刻。

8点45分，城市的喧嚣尚未完全苏醒，而李乐已踏着轻快的步伐，准时出现在了公司大楼的前台。前台的设计现代而简洁，以白色和灰色为主色调，搭配着一些金属质感的装饰，显得既专业又有品位。他微笑着对前台的小姑娘说："您好，我叫李乐，是来报到的。"

前台小姑娘方子羽扎着可爱的马尾，穿着一件白衬衣，胸前挂着工作牌。

方子羽带着李乐穿过宽敞的走廊，两旁的墙壁上挂着各部门优秀员工的照片和荣誉证书，最后来到了一间布置得简洁而优雅的会议室。推开门，一张长形会议桌占据了中心位置，桌面干净整洁，反射着窗外的阳光。桌边摆放着几把舒适的办公椅，夏伊已经坐在那里。上次面试时已经见过面，两人相视一笑，彼此都能感受到对方心中的那份激动。

不久，会议室的门被轻轻推开，人事专员蒋子华走了进来，手里拿着两份合同，面容严肃中带着几分温和。"欢迎加入宏茂集团。请允许我先为你们办理入职手续。"

"谢谢任老师。"夏伊和李乐异口同声地回答。子华打了声招呼就退了出去。任老师招呼他们坐下,向他们介绍了公司的文化和培训体系。

"有一个叫 SWOT 的分析方法,是美国旧金山大学国际管理和行为科学教授海因茨·韦里克创立的战略分析法,它同时也是一种用于个人发展的工具,帮助我们发现自身的优势(Strengths)、劣势(Weaknesses)、机会(Opportunities)和威胁(Threats),从而更好地了解自己的状况,制订个人发展规划。"任老师在一张白纸上画下了一个图(如图 2-1 所示)。

Strengths 优势　　Weaknesses 劣势

S　W

O　T

Opportunities 机会　　Threats 威胁

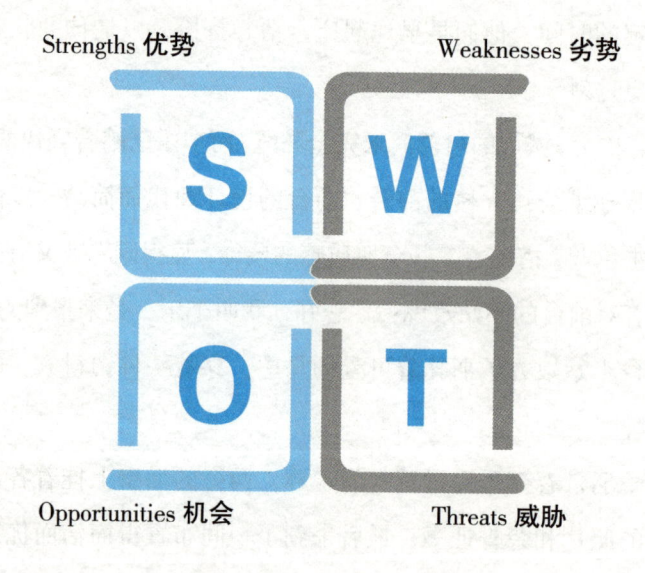

图 2-1　SWOT 分析法示意图

"现在,请你们根据自己的个人竞争力写出自己的强项和弱项以及可能面临的机会和威胁。"说罢,任老师递给他们一张纸和一支笔。

夏伊在白纸上写下自己的 SWOT 分析。

优势:自信、态度积极、正能量;对金融领域和培训与发展有明确的热情和目标；优秀的沟通能力；注重细节。

劣势：作为应届毕业生，缺乏相关的工作经验，需要一定的时间来适应和学习。

机会：有机会通过内部培训快速提升自己的专业技能和工作经验；在一个积极向上、相互支持的团队，也可以更快地融入并发挥自己的优势，与团队共同成长。

威胁：行业的快速变化要求从业者不断学习和适应，需要保持敏锐的洞察力，及时跟进行业动态，以免被市场淘汰。

李乐也快速地写下自己的SWOT分析。

优势：从容、自信、沟通能力强；拥有五年的行业工作经验，在培训领域有着专业的技能和丰富的实践经验；深厚的行业知识和专业背景，曾成功主导了多个培训项目；有提升团队技能和凝聚力的能力。

劣势：可能会存在固守传统方法的风险，需要保持创新思维；在新环境中需要时间来适应公司文化和流程。

机会：有机会进一步发展自己的职业生涯，甚至晋升到更高的管理职位；通过培训项目，对公司和员工发展产生积极的影响。

威胁：培训领域可能面临激烈的竞争，需要不断创新和提高培训效果以保持竞争力；技术的快速发展可能会对传统培训方法造成冲击，需要快速适应并整合新技术；作为主管，需要管理不同背景和技能的团队成员。

看完他们的分析，任老师眼中闪过一丝赞赏。

知识链接

SWOT分析法是一种常用的战略分析法，其名称由Strengths(优势)、Weaknesses(劣势)、Opportunities(机会)和Threats(威胁)四个英文单词的首字母组成。

> - 优势：指组织或个人内部积极的、独特的因素，如技术优势、品牌优势、市场份额、优秀的管理团队等。
> - 劣势：指组织或个人内部消极的、限制其发展的因素，如技术落后、资金短缺、管理不善、市场份额下降等。
> - 机会：指外部环境中有利于组织或个人发展的因素，如市场需求的增长、新技术的出现、政策支持等。
> - 威胁：指外部环境中可能对组织或个人造成不利影响的因素，如市场竞争加剧、政策变动、经济衰退等。

（1）SWOT工具的使用方法

明确目标：首先，需要明确分析的目标，比如制定企业战略、评估产品竞争力、制定个人职业规划等。

收集信息：通过调研、访谈、数据分析等方式，收集与组织或个人相关的内外部信息。

构建SWOT矩阵：在画布上画一个矩形，将其分成四个等大的部分，分别对应优势、劣势、机会和威胁。然后，将收集到的信息分类填入相应的部分。

分析匹配：将优势与机会相结合，制订利用优势抓住机会的策略；将劣势与威胁相结合，制订改进劣势应对威胁的策略。

制订战略：基于SWOT分析的结果，制订具体的战略目标和行动计划。

实施与评估：执行战略计划，并定期评估其效果，根据需要进行调整。

（2）SWOT工具的应用场景

企业战略分析：帮助企业识别自身的核心竞争力，发现市场机会，应对潜在威胁。

产品竞争力分析：评估产品的优劣势，识别市场机会和潜在威胁，为产品改进和市场营销提供依据。

个人职业规划：分析个人的能力、兴趣、价值观等内部因素，以及市场环境、行业趋势等外部因素，制定个人职业发展规划。

项目评估：在项目启动前，对项目的优劣势、机会和威胁进行全面分析，为项目决策提供依据。

（3）三个注意事项

客观性和全面性：在进行 SWOT 分析时，应确保信息的客观性和全面性，避免主观臆断和片面性。

动态性：由于内外部环境的变化，SWOT 分析应定期进行更新和调整，以适应新的情况。

结合其他分析工具：SWOT 分析可以与其他分析工具（如 PESTEL 分析、五力模型等）结合使用，以获得更全面的分析结果。

02 | 职场精英认知升维与人生蓝图绘制

为了让夏伊和李乐尽快融入团队,任老师决定组织一次部门共创活动,通过绘制人生蓝图,加深彼此间的了解与默契。

培训主管罗子开主持会议。他拿出一沓彩色的卡片,上面印着各式各样的图案——从壮丽的山川到浩瀚的星空,从温馨的家庭场景到抽象的几何图形。他让每个人从中抽取一张,然后解释道:"请大家仔细观察手中的卡片,上面的图案将作为你自我介绍的灵感来源。你可以分享这个图案让你想到了什么,或者它如何与你的人生经历、梦想或价值观相契合。"

大家纷纷低头端详手中的卡片,不一会儿,第一个勇敢的声音打破了沉默。"我手中的卡片是一片蔚蓝的大海,"夏伊微笑着说,"它让我想起了自己从小对未知世界的向往。就像这片海洋一样,我渴望在职场上不断探索、学习,勇敢地面对每一个挑战。"

李乐紧随其后:"这张卡片让我想起了我曾经攀登过的一座山,虽然过程艰辛,但当我站在山顶,俯瞰着脚下的世界时,心情澎湃。"他顿了顿,继续说,"在职场上,我也希望能像攀登这座山峰一样,不断挑战自我,突破极限。"

随着夏伊和李乐的分享,其他人也纷纷打开了话匣子,分享着自己的故事、梦想和感悟。会议室里充满了欢声笑语,气氛温馨而融洽。"接下来,我们有请任老师。"罗子开伸出右手指引大家看向任老师。

任老师优雅地站起身，脚步轻盈地走到会议室的中央，环视了一圈后，微笑着说："非常感谢大家的分享，每一个都那么精彩而真挚。在大家的分享中，我感受到了每个人内心深处对人生目标的执着追求。今天，我想和大家讲讲关于'目标'这件事。"

投影仪上打出了一句话，美国作家加里·凯勒在《最重要的事只有一件》中说："目标是通往力量之门最直接的途径，也是一个人能量迸发的源泉，还是信念与坚韧的源泉。"

她接着说："哈佛大学有一个非常著名的关于目标对人生影响的实验。学者们对一群智力、学历、环境等条件都差不多的年轻人进行跟踪调查。他们发现，27%的人没有目标；60%的人目标模糊；10%的人有清晰但比较短期的目标；只有3%的人有清晰且长期的目标。25年后，哈佛大学再一次走访调查之前那批年轻人，得出了一个惊人的结果。那些27%没有目标的人，几乎生活在社会的最底层。他们贫困潦倒，抱怨一切。那些60%目标模糊的人，几乎都生活在社会的中下层，普普通通，没有什么特别的成绩。那些10%有短期清晰目标的人，大都生活在社会的中上层，成为各行各业的专业人士，比如医生、律师、工程师等。那些3%有长期清晰目标的人，几乎都成了行业精英。

"所以，有目标的人和没有目标的人，生活状态是完全不一样的。有目标的人，每天醒来，都是在目标的召唤下精力充沛地学习和工作。而没有目标的人，每天内心迷茫，彷徨度日，终日靠手机打发时间。

"究竟什么是人生目标呢？目标是想达到的地方或标准，是存放我们热情和精力的地方。

"如果你的目标是乔布斯那样可以改变世界的人，那就需要耐得住寂寞，独自熬过一个个埋头苦研的夜晚，忍耐比普通人更多的不解、挫折、困难和失败，同时，更要有超凡的创造力，要像一个疯子一样痴迷到所爱的事业中。

"如果你选择做一名优秀的职场精英，这是一个既卓尔不凡却又够得着的人生选择。你希望在公司的舞台上施展抱负，发挥聪明才智，那就把自己的目标扎扎实实地落实到行动中，贯穿到生活的一分一秒。积累足够的智慧，学习更多的知识，扩展自己的视野，规范自己的行为，自律而清醒，成为一个懂职场规则、懂人情世故、懂做事分寸原则的优秀职场人。

"目标没有好与坏，就如人生没有标准答案一样。面对无法回头的人生，我们只能做到三件事：郑重的选择，争取不留下遗憾；如果有遗憾，就理智面对它，然后争取改变；假若不能改变，就勇敢地接受，不后悔，继续走。

"我们应该如何确定自己的目标呢？《美好人生运营指南》一书中提出六条寻找人生目标的建议：

- 什么事让你废寝忘食？
- 你在做什么事情的时候，最让自己感动。
- 你最让人感动的时刻是什么？
- 如果没有任何经济压力，你会如何度过余生？
- 闲暇的时候，你关注最多的是哪方面的信息？
- 这个世界有很多事情可以做，你最想帮助谁？

"我们跟随感知力的牵引，再结合理性的思考，来确定自己的人生目标。我们脑中经常冒出来的那个念头，就是藏在我们认知里的意识。也许它现在还是一棵小树苗，只要耐心地栽培它，给自己足够时间让它长成参天大树，那这样的人生是值得的。

"现在，请大家写下自己的人生目标。种下目标的种子，为它灌溉栽培、修枝剪叶、日月星辰、耕耘不辍，让你的努力配得上心中的目标。"

会议室里响起了"唰唰"的写字声。

知识链接

（1）"四才"

在职场中，有一个"四才"的说法，分别是：人"财"、人"才"、人"材"和人"裁"。

①人"财"——宝藏之才。他们持续为团队和社会创造不可估量的价值，是推动组织向前发展的核心动力。他们得到广泛的认可，被视为职场中的宝藏。

②人"才"——本分之才。他们兢兢业业，准确无误地完成本职工作，是职场中的坚实基石。

③人"材"——可造之才。他们或许初出茅庐，经验尚浅，但拥有巨大的成长潜力和无限的可能，是职场中的希望之光，如同未经雕琢的璞玉，只需稍加引导与培养，便能绽放出耀眼的光芒。

④人"裁"——无用之才。他们或许因技能落后、态度消极等原因，逐渐失去了在职场中的竞争力，面临着被淘汰的危机。如果能通过不断学习、调整心态、提升能力，他们也有可能实现自我救赎与蜕变。

在职场中，我们应努力成为人"财"，保持对人"才"的尊重与理解，积极培养人"材"，同时警惕成为人"裁"，不断自我超越，共同推动团队与社会的繁荣发展。

（2）德才兼备四象限

除了才能以外，我们还要成为品德高尚的人。如图2-2所示，横纵象限分别代表才能和品德。横向线，从左到右表示才能从弱到强；纵向线，从下至上表示品德从低到高。

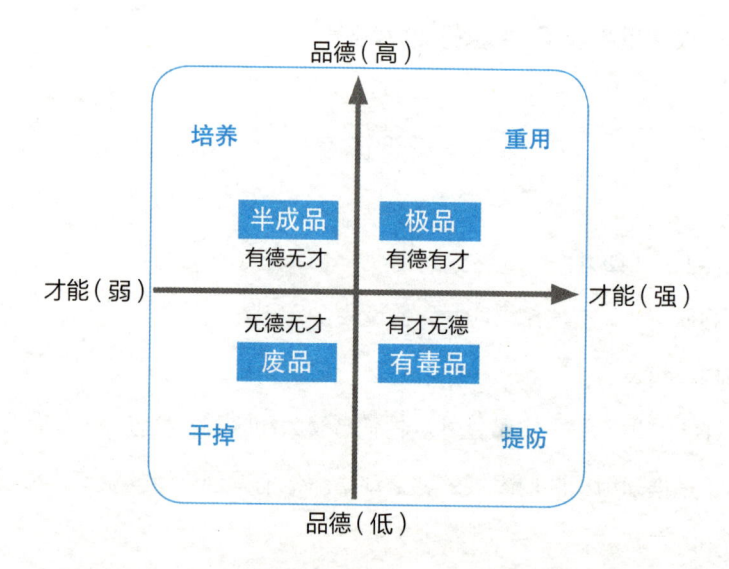

```
                     品德（高）
                         ↑
         培养            │            重用
                         │
              ┌──────────┼──────────┐
              │  半成品  │   极品   │
              │  有德无才│  有德有才│
才能（弱）────┼──────────┼──────────┼────→ 才能（强）
              │  无德无才│  有才无德│
              │   废品   │  有毒品  │
              └──────────┼──────────┘
                         │
         干掉            │            提防
                         │
                     品德（低）
```

图 2-2 德才兼备四象限示意图

　　第一维度（右上角）：才能强、品德高，有德有才的极品，德才兼备，会被信任、被重用。

　　第二维度（左上角）：才能弱、品德高，有德无才的半成品，会被关注、被培养。

　　第三维度（左下角）：才能弱、品德低，无德无才被视为废品，会被社会淘汰。

　　第四维度（右下角）：才能强、品德低，有才无德的有毒品，会被怀疑、被提防。

　　如果你是老板，想要聘用哪个象限的员工呢？

03 ｜ 让业务与人脉构建你的职场护城河

午后，阳光变得柔和而慵懒。任老师目光落在了桌面的日历上——夏伊和李乐已经入职一个月了。她决定邀请两位新人一起喝咖啡，借此机会了解他们的适应情况，同时分享一些关于职业规划的见解。

在休息区里，一张小圆桌上，三杯热腾腾的咖啡散发着诱人的香气。三人围坐在圆桌旁，任老师拿起咖啡喝了一口，缓缓地说："时间过得真快，感觉就像昨天才把你们迎进公司一样。看到你们这么快就适应了新环境，工作也上手得这么快，我真的很高兴。"

夏伊微笑着回应："谢谢任老师。这里的工作环境和团队氛围都非常好，同事们对我们也很友好，所以，我们很快就找到了归属感。"

李乐也点头表示赞同："是的，任老师。这段时间里，我们学到了很多，也感受到了团队的支持和鼓励。"

任老师微微一笑，眼中闪过一丝欣慰的光芒，她放下咖啡杯，继续说："那就好。你们有什么想法或困惑吗？"

夏伊思考了一下，然后说："任老师，我们确实有一些关于职业发展的疑问，比如如何在职场中不断提升自己，在不同的职业阶段，应该关注哪些方面。"

任老师点了点头，开始分享自己的经验和见解："职业生涯就像是一场马拉松，而不是短跑。它需要耐心、策略和不断地努力。在职业生涯的不同阶段，你们的关注点也会有所不同。"

积累有意义的经验 ▶▶

"初入职场时,我们要学会积累一些有意义的经验。李乐,你觉得什么是有意义的经验呢?"任老师转向李乐。

李乐沉思了片刻,然后回答说:"有意义的经验,就是那些能让我们的能力得到提升,让我们在现有基础上更进一步的经验。比如,每次讲课前,我都会根据学员的情况更新课件;在授课过程中遇到的突发情况,以及课程结束后的学员反馈,我也会进行复盘。虽然都是讲课这一件事,但这种经验就十分有意义。"

任老师点了点头,表示赞许:"说得很好。除此以外,有意义的经验还包括尝试一些新事物。比如,开发一门从来没讲过的课程,或者主动承担公司出现的一些新任务。谁去做这件事,谁就能获得积累有意义经验的机会。"任老师喝了口咖啡,继续说,"至于如何在日常生活中有意识地积累这些经验,方法其实多种多样。比如,你可以去一个新的地方旅行,体验不同的文化;可以参与企业创新的工作,挑战自己的思维;或者负责组织一次活动,锻炼自己的组织能力。无论工作或者学习,甚至你的业余爱好和兴趣,都有可能为你积累有意义的经验。"

夏伊听得入神,眼神中闪烁着光芒:"任老师,您说的这些真的很有启发性。我以后也要多尝试,积累更多的经验。"

人脉积累金字塔 ▶▶

"除了要积累经验以外,人脉的积累也同样重要。在职场关系中,有一个金字塔,共五层(如图2-3所示)。"任老师用手笔划着继续解释,"最底层,是联系人层。这包括有你联系方式的人,包括

QQ、微信好友等。第二层，是专家团层。当你遇到具体问题需要咨询时，那些能提供专业答案的人，就是你的专家团成员。他们不一定是同部门的同事，也不一定是你的上司。"

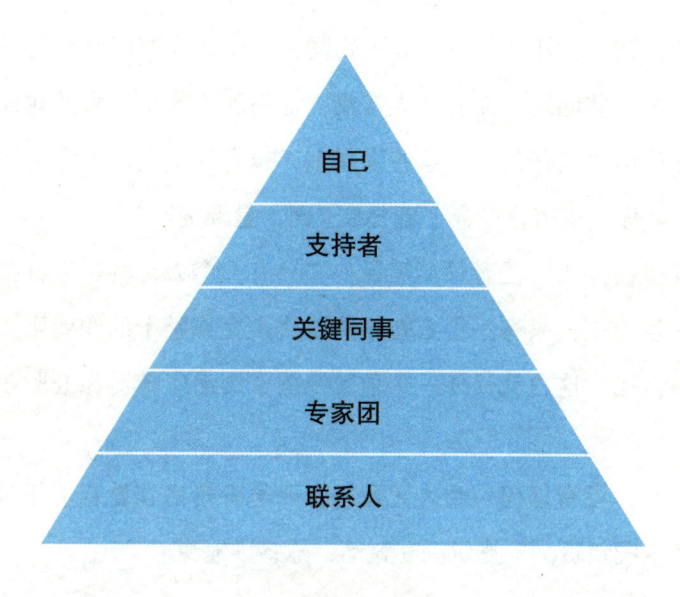

```
          自己
        支持者
       关键同事
        专家团
        联系人
```

图 2-3 人脉金字塔

夏伊认真地听着，不时点头，而李乐则拿出笔记本，开始记录要点。

"第三层，关键同事层。这些人对你的职业发展有着直接的影响，包括你的上司、导师，以及日常工作中紧密合作的同事。"任老师讲到这里，停顿了一下。

夏伊提出了自己的疑问："任老师，我们如何识别和培养与关键同事的关系呢？"

任老师耐心地解释："识别关键同事需要洞察力和观察力。通常，这些人在你的工作流程中扮演重要角色，或者对你的工作成果有直接影响。培养关系则需要你展现出团队精神、可靠性和专业性。"见夏伊点点头，任老师问："第四层是支持者层。你们觉得，谁是你们的支持层呢？"

李乐思考了一会说："这些人可能并不直接参与我们的日常工作，但是他们会在关键时刻给予我们支持和建议。比如导师或者前辈等。"

"没错。"任老师点头表示赞同，"比如你在职业发展过程当中遇到的一些问题，需要找人咨询，他们能给你很中肯的建议。他们是你最值得信任的人。这些人越多，越有助于支持你完成你的职业梦想。你们猜猜，在金字塔的最上面，是谁呢？"

夏伊摇摇头，任老师笑笑说："只有一个人，就是你自己。在人的一生当中，只有一个人能够陪着你走完你整个的职业生涯，那就是你自己。这也从另外一个角度说明了谁最应该对你的职业生涯负责。"

"对，没有任何一个人比我们自己更有资格和更有责任对自己的职业生涯负责。"夏伊深受触动，她感慨地说。

积累知识体系 ▶▶

"当然，我们还要积累知识体系。无论身在职场还是自由讲师，最先考虑的不应该是获得收益，而是充实自己的头脑，提高自我认知能力。因为一流的生活不是富有，而是觉知力，有一句话你一定听说过：'你永远无法赚取认知以外的钱。'"任老师说着，看着不远处的书架，"比如通过读书、学习、旅游和交友。"

她拿起咖啡杯，轻轻抿了一口，继续说："读书，可以帮助我们建构知识体系。'腹有诗书气自华'，懂得越多，就越能显示我们的知性美。学习，是所有投资里最不会辜负自己的选择，而且会源源不断地增值。你们喜欢旅游吗？"

"喜欢。"夏伊笑着说，"思想和身体总有一个在路上，即使是周末，在城市里走走也能增长见识，感受这个城市的气息。"

李乐则点头附和："是啊，旅行也是学习的一种重要方式。每次去到新的地方，看见不同的风景，就好像看见更广阔的自己。"

任老师微笑着点头说："那以后我们可以组织一下城市徒步，和大家出去走走。这也是我最后想讲的交友，要多交正能量的、比我们优秀的、可以帮助我们成长的朋友。所以，我们要保持好奇心和学习的热情，这样，才能在职场上不断前进。"

夏伊和李乐认真地听着，不时点头表示理解。他们意识到，职业规划不仅仅是关于工作的选择，更是一种生活态度和个人成长的体现。

咖啡的香气在空气中飘散开来，伴随着他们的笑声和谈话声，构成了一幅温馨而美好的画面。

知识链接

如果将职业生涯划分为三个阶段，每个阶段 10~15 年，每个阶段都需精心策划与不懈努力。

第一个阶段：储备能力，蓄势待发。

这是职业生涯的起点。它不仅仅是知识与技能的储备期，更是自我认知与定位的探索过程。在这个阶段，我们应该勇于尝试各种可能性，不断探索自己的兴趣和潜能。比如，从来没有登上过讲台，就去参加演讲比赛。无论成功与失败，都是一次宝贵的机会，帮助我们逐渐明晰自己的兴趣、优势以及潜在的挑战与局限。通过试错与反思，逐渐找到属于自己的"职场甜蜜区"——那个我们既擅长又热爱的领域。

第二个阶段：聚焦长板，自我升值。

经过第一阶段的积累与探索后，第二阶段便是对自身长板进行深挖与强化的时期，不再盲目追求全面发展，而是聚焦于自己最擅长且热爱的领域，采取"精而专"的策略，通过持续地学习、实践与创新，不断提升自己的核心竞争力，让自己在某些领域成为专家。

同时，也应认识到，在团队协作日益重要的今天，个人的优势应当与团队的整体需求相契合。如同木桶原理，我们应该成为团队中最长的那块木板，让大家因为自己的存在而变得更好，成为团队甚至行业里不可或缺的人才。

第三阶段：三个维度，幸福人生。

第三阶段是收获与回馈的季节。我们需要从三个维度——擅长、爱好和世界需求——来衡量和定位自己的职业发展。也许我们擅长很多事，在很多领域都有可能成为专家，但是，这些是否能给我们带来精神上的满足呢？如果答案是肯定的，那么，我们就能在职业成功与个人幸福之间找到最佳平衡点，享受由衷的成就感与幸福感。

学做智者，认定方向，选准目标，不断规划和修正人生方向；学做勇者，战胜挫折，不断拼搏和朝目标坚定而行；学做太阳，不断发出自己的光和热，温暖万物，也照亮自己。

04 ｜ 精进飞轮构建职场精英人士的四维模型

自从上次交流后，夏伊在工作上更加积极主动。在得知下个月要为入职3个月的新员工组织一次礼仪培训后，她主动请缨。任老师对此感到十分欣慰，决定与她进行一次具体的项目会议。

小会议室布置得简洁而实用，其中一面墙上是可以书画的玻璃。任老师微笑着对夏伊说："夏伊，我很高兴看到你这么积极地承担起这次礼仪培训的责任。因为你之前没有项目执行的经验，所以，今天我和你一起梳理一下流程。你听过 PDCA 循环吗？"

夏伊点头表示理解："任老师，我听说过。PDCA，就是 Plan（计划）、Do（执行）、Check（检查）、Act（行动）的首字母组合，但我不太清楚具体如何应用在这次培训项目上（如图 2-4 所示）。"

"没错，PDCA 是一种持续改进的管理工具，又称'戴明环'，由美国质量管理专家沃特·阿曼德·休哈特首先提出，并由戴明博士进一步完善和推广。我们可以把这个工具应用在培训项目中，帮助我们不断发现和解决培训中存在的问题，并持续改进培训工作的流程，增强培训效果。

"在 Plan（计划）阶段，我们需要根据组织的需求和员工的能力现状，制定明确的培训目标；然后根据目标设计合适的培训课程、教材和教学方法，确保培训内容与目标一致，具体包括培训时间、地点、参与人员、预算等，并设定明确的衡量指标以评估培训效果。

图 2-4　PDCA 循环示意图

怎么设定衡量的指标呢？我们等一下再讨论。

"在 Do（执行）阶段，我们需要按照计划进行培训课程的传授，确保所有参与人员都能按照计划参与培训；在培训过程中及时收集员工的反馈和意见，了解培训课程的接受程度和存在的问题；记录培训过程中的关键数据，如参与人数、参与度、满意度等，以便后续分析。

"在 Check（检查）阶段，通过问卷调查、考试、实操考核等方式评估培训效果，并且与设定的衡量指标进行对比，对收集到的反馈和数据进行分析，找出培训中存在的问题和不足。

"在 Action（处理）阶段，对成功的经验进行总结，并标准化到未来的培训项目中；对失败的教训进行反思，找出原因并避免再次发生；针对检查阶段发现的问题，制定具体的改进措施，如调整培训内容、改进教学方法等。当然，还有一个关键，就是要将未解决的问题和需要进一步改进的地方纳入下一个 PDCA 循环，确保培训项目不断得到改进和优化，从而增强培训效果和组织绩效。"

夏伊第一次接触如此复杂的项目，拼命地记录，生怕漏了任何一个环节。等任老师停下来喝水的时候，她侧着脑袋问："任老师，关于流程，我已经清楚了，回去以后，我会根据每个阶段整理出相关的资料。您刚才提到的需要设定可以衡量的指标来评估培训效果，这个需要怎么设定呢？"

"看来你有在认真思考哦。我们可以用SMART原则来帮助我们。这是现代管理学之父彼得·德鲁克先生在他的著作《管理实践》中提出来的目标管理方法。他认为，并不是有了工作才有目标，而是相反，有了目标才能确定每个人的工作。所以，SMART原则是为了帮助员工更加明确高效地工作，更是为了管理者将来对员工实施绩效考核提供了考核目标和考核标准，使考核更加科学化、规范化，更能保证考核的公正、公开与公平。"任老师一边解释，一边在玻璃墙上写下这五个关键词，"SMART原则是指具体（Specific）、可衡量（Measurable）、可达成（Achievable）、相关性（Relevant）、时限性（Time-bound）。我们一个个来看。"

"首先，是Specific（具体性），要求我们设定的目标必须明确具体，不能含糊其词，比如，我不能只说'我要减肥'，而是要明确'我要减2.5公斤'。"

"Measurable（可衡量性），是指如何评估进度和成效，需要有明确的量化或行为化。为了衡量我是否有达到目标，我可以设定每天用体重秤记录。"

"Achievable（可实现性），是确保我们的目标既具有挑战性又切实可行。我的身高是165厘米，体重是65公斤，要减2.5公斤，对于我来说是一个既不过分轻松也不过于艰难的目标。"

"Relevant（相关性），则是强调我们的目标要与实际需求紧密相连。减肥和我的相关性是什么呢？减肥以后，我身体和精神状态会更好，从而帮助我提高工作效率。"

"最后，Time-bound（时限性），是指目标必须要有明确的完成时间。我希望用一个月来实现我的目标，这样也可以帮助我保持紧迫感，规划好每天、每周的行动。来，夏伊，我考考你。'我想读书'是不是一个明确的目标？"

夏伊停下正在记录的笔，思考了片刻，说："不是。如果用 SMART 原则，应该说，我要读完一本 208 页关于礼仪的书籍（S）；看完以后可以整理出一个授课的幻灯片（M）；一般成年人阅读速度是约 300 字 / 分钟，16 开的图书，一页通常有 600 字左右，每天阅读 7 页，用时约 14 分钟，并不难（A）；阅读这本书，可以让我在授课的时候更有把握；在时间上，设定一个月的时间（T）。"

"非常好，看来你已经掌握了这个工具。接下来，我们来讨论这次礼仪培训项目。首先，是 Specific（具体性）。在礼仪培训中，我们不能只说'提升礼仪水平'，而是要具体到'让每位团队成员都能掌握塑造亲和力的微笑技巧、学会温和的目光交流方式、掌握站姿挺拔的要领、行走姿态更加优雅、在任何坐姿下都能保持端正、学会在不同场合下使用恰当的手势和鞠躬礼仪，还有展示谦卑蹲姿的正确方法'。这样，大家就知道要学什么，怎么学了。"

"接着，Measurable（可衡量性）也很重要。我们需要有明确的衡量标准来评估培训效果。比如，设计一套包含上述所有内容的考核标准，包含礼仪知识的试卷考核以及现场演示，通过前后对比，来量化大家的学习成果。另外，也可以通过同事间的互评和客户的反馈来评估大家在实践中的表现。"

"然后，Achievable（可实现性）是确保我们的目标既具有挑战性又切实可行。我们不能设定一个遥不可及的目标，比如让所有人在一天之内就变成礼仪专家。而是要基于团队的实际情况，设定一个通过努力可以达到的目标。比如，培训结束后，90% 的团队成员需达到优秀或良好水平。"

"Relevant（相关性）则是强调我们的目标要与团队的实际需求紧密相连。礼仪培训不是为了培训而培训，而是为了提升我们团队的整体形象和职业素养。所以，在设定目标时，我们要考虑哪些礼仪知识是团队目前最需要的，确保学以致用。"

"最后，Time-bound（时限性），我们有一个明确的时间框架来推进项目。虽然授课只是一天，但是，我们要加上前期筹备的时间，比如，什么时候发送通知等，要设定一个合理的完成期限。"

在任老师的引导下，夏伊对项目的执行越来越有信心。她意识到，有了 PDCA 循环和 SMART 原则这两个工具，自己在规划礼仪培训时就能更加有条理，更加高效了。

行为管理

WORKPLACE
ETIQUETTE

01　塑造亲和力的微笑
02　温和目光传递善意
03　站姿挺拔彰显气度
04　行走优雅凸显气质
05　坐姿端正表达涵养
06　手势规范显露教养
07　鞠躬致意大国风范
08　优雅蹲姿尽显格局

职场，这个我们每日耕耘的天地，不仅仅是一个完成工作任务的地方，更是一个错综复杂的社交系统。在这个系统里，我们与客户携手合作，与上司共谋发展，与同事并肩作战，每一场交流、每一次合作，都是对职场礼仪的深刻实践与检验。

在这个社交网络中，我们的行为举止如同一面镜子，不仅映照出个人的修养与素质，更彰显出职场这一特定社交系统的行为准则与核心价值观。一个得体的微笑、一个温暖的眼神、举手投足间让人感受尊重的所有行为，都能够在无形中传递出我们的专业与尊重，构建起与他人的信任桥梁。

对于每一位追求卓越的职场人士而言，时刻保持警醒，对自己的言行举止和仪态姿态进行精细管理，是通往成功不可或缺的钥匙。在人类纷繁复杂的社会活动中，行为构成了我们与世界互动的基本方式。行为管理，作为心理学、社会学及管理学交叉领域的重要课题，旨在理解、预测并引导个体或群体的行为模式，以促进个人成长、组织效能乃至社会和谐。

行为管理的两大核心领域——动态行为与静态行为，相互作用，共同塑造我们的日常生活与工作。

动态和静态是两种相对的状态，在生活和人际关系中起着重要的作用。动态通常指的是变化、活跃和灵活的状态，而静态则指稳定、安定和固定的状态。人际关系中的动态和静态因素相互作用，对人际交往产生深远影响。

动态因素包括人的情绪、心理活动、态度和行为等方面。人际关系中，情绪的变动是常见的，比如开心、激动、愤怒等，这些情绪会直接影响到人际交往的方式和程度。此外，人的心理活动也是动态因素，比如思维方式、偏好、价值观等，它们往往在交往过程中受到不同的影响，从而影响到人际关系的发展。另外，态度和行为也是动态因素的表现形式，人的态度决定了对他人的看法和对待方式，而行为则是态度的具体表现。动态因素的存在，使得人际关系更加灵活多变，也更加有趣和有挑战性。

静态因素主要指的是人际关系中相对稳定的方面，比如双方的身份、角色、社会地位等。在人际交往中，人们常常将自己归类到某种身份或角色中，这些身份和角色往往具有一定的稳定性和可预测性。而社会地位则是人际关系中的另一个静态因素，它依赖于个体的社会地位和地位认同，这些因素对人际交往产生重要的影响。静态因素的存在，为人际关系提供了稳定的基础，使得交往双方更加有序和可靠。

动态和静态在人际关系中相互依存、相互影响。动态因素的变化往往会对静态因素产生深远的影响，反之亦然。

动态因素对静态因素的作用主要表现在以下几个方面：一方面，动态因素可以改变人的态度和行为，从而影响到人际关系的稳定性。比如，一方的情绪变化、心理活动的变化，可能会引起另一方的态度和行为的改变，从而对人际关系产生影响。另一方面，动态因素还可以改变人际关系中的社会地位和角色。一个人的情绪、偏好和行为会直接影响到他在人际关系中的地位和角色，进而影响到人际交往的方式和效果。

静态因素对动态因素的制约主要表现在以下几个方面：首先，静态因素为人际关系提供了稳定的基础。身份、角色和社会地位的稳定性使人们在交往过程中有一定的预期和依赖，从而减少了不确定性和冲突的产生。其次，静态因素对动态因素产生约束，使人们在人际交往中保持一定的规范、礼仪和责任感。最后，静态因素还可以影响人的态度和行为，对动态变化起到一定的引导作用。

因此，人们在维护人际关系的过程中，既要保持开放和灵活的态度，又要有一定的稳定基础和规范，以达到良好的人际交往效果。同时，人们也需要认识到动态和静态因素的相互影响，以更好地解决人际关系中的矛盾和问题，提升自身的交往能力和情商。我们的职场行为也是动态行为与静态行为的结合。

行为礼仪拉近距离，促沟通，暖彼此，显修养

（1）塑造专业形象，彰显个人魅力

在职场的舞台上，每一次微笑、每一次眼神交流、每一个细微的动作，都是个人品牌的无声宣言。优雅得体的表情管理，能够传递出自信与亲和力；坚定而尊重的眼神交流，则能建立起信任与理解的桥梁；流畅自然的动作与仪态，更是个人气质与专业素养的直接体现。这些行为礼仪的细节，共同勾勒出一个专业、可靠、值得信赖的职场形象，为个人魅力的绽放增添无限光彩。

（2）促进有效沟通，增强团队协作

职场是合作与竞争并存的世界，良好的行为礼仪是沟通顺畅、团队协作的润滑剂。恰当的肢体语言能够弥补言语的不足，使沟通更加生动、准确；适时的微笑与鼓励的眼神，能够激发团队成员的积极性，增强团队凝聚力。反之，不当的行为举止则可能导致误解与隔阂，影响工作效率与团队氛围。因此，掌握行为礼仪，是提升沟通效率、促进团队协作的重要途径。

（3）体现企业文化，传承核心价值观

职场不仅是个人成长的舞台，更是企业文化与价值观的载体。行为礼仪作为企业文化的重要组成部分，不仅规范了员工的行为准则，更传递了企业的精神风貌与核心价值观。一个注重行为礼仪的企业，往往能够营造出积极向上、和谐有序的工作氛围，吸引更多志同道合的人才加入，共同推动企业的发展壮大。

（4）行为礼仪的精髓：表情、眼神、动作、仪态

①表情是情绪的镜子，也是沟通的桥梁。学会适时展现真诚的笑容，用温暖的表情拉近与人的距离，让沟通更加顺畅。

②眼睛是心灵的窗户，眼神传递着信任与尊重。保持适度的眼神接触，展现你的专注与诚意，让每一次交流都充满力量。

③动作是语言的延伸，彰显着你的态度与风度。无论是握手、递接物品还是坐姿站态，都应体现出你的专业与礼貌。

④仪态是内在修养的外在表现，反映着你的自律与尊重。保持优雅的仪态，不仅是对自己的尊重，也是对他人的尊重。

行为管理全解析：多维度行为细节，塑造专业场形象

在职场礼仪的广阔画卷中，行为管理以其细腻而深邃的内涵，成为塑造专业形象、优化职场关系的重要篇章。这一领域不仅涵盖了表情的温婉、眼神的坚毅、站姿的挺拔、走姿的从容，还精细到手势的得体、蹲姿的优雅以及鞠躬的恭敬，每一项都是职场人士不可或缺的行为艺术。

（1）表情：情绪的调色盘，沟通的催化剂

在职场交流中，表情是情绪的直观表达，也是拉近彼此距离的神奇钥匙。一个真诚的微笑，能够瞬间化解紧张气氛，传递友好与善意；而适时的严肃表情，则能彰显专业与专注。掌握表情管理的艺术，让每一次面部肌肉的微妙变化，都成为你职场魅力的加分项。

（2）眼神：心灵的对话，信任的桥梁

眼神，作为最直接的非语言沟通方式，其力量不容小觑。在职场上，坚定的眼神交流能够传递出自信与尊重，建立起无形的信任

纽带。无论是与客户洽谈、与上司汇报，还是与同事协作，保持适度的眼神接触，都能让你的话语更加有力，沟通更加高效。

（3）站姿与走姿：姿态的语言，专业的象征

站如松，行如风，这是职场人士应有的风范。挺拔的站姿不仅展现出个人的精神风貌，更是对职业的尊重与热爱；而从容不迫的走姿，则透露出内心的自信与稳健。在不同的职业场景中，无论是会议室的庄重站立，还是办公室内的轻盈步履，都应体现出你的专业与优雅。

（4）手势与蹲姿：细节之处见真章

手势是语言的延伸，它能够更直观地表达你的意图与情感。在职场上，一个恰当的手势往往能让沟通更加生动、准确。同时，优雅的蹲姿也是职场礼仪中不可或缺的一部分，它体现了对他人的尊重与关怀。无论是递接文件时的轻盈手势，还是帮助客户拾取物品时的优雅蹲姿，都彰显了你的细心与专业素养。

（5）鞠躬：敬意的表达，礼仪的精髓

鞠躬作为一种传统的礼仪形式，在职场中依然具有不可替代的地位。它不仅是对他人尊重与敬意的表达，更是个人修养与素质的体现。在不同的职业场合中，适时的鞠躬能够瞬间拉近你与他人的距离，营造出和谐、融洽的氛围。

01 | 塑造亲和力的微笑

经过两个星期的筹备，新员工的礼仪培训终于要拉开帷幕。

这是一个阳光明媚的早晨，阳光透过培训室宽大的落地玻璃窗，洒在精心布置的场地上。培训室的桌子排列成了马蹄形，四个小组环绕中心，每组五人。这样的布局既方便小组成员间的交流，又确保老师在演示时能照顾到每一位学员的视线。桌面上，整齐地摆放着一叠培训资料，包括培训手册和一些互动练习的材料。

夏伊，作为此次培训的负责人，提前半小时便抵达了现场。她穿着一身得体的职业装，测试完设备以后，站在培训室门口面带微笑地迎接每一位同事。"早上好！欢迎来参加礼仪培训，请随意找个位置坐下，桌上的培训资料，可以提前阅读，对今天的内容有个初步的了解。"

新员工们陆续进入培训室，然后找位置坐下。李明拿起了桌上的一份资料，那是一张 A4 纸，上面印有关于希尔顿的故事。

早年，希尔顿把父亲留给他的 1.2 万美元连同自己挣来的几千美元投资出去，开始了他雄心勃勃的经营旅馆生涯。当他的资产从 1.5 万美元奇迹般地增值到几千万美元的时候，他欣喜自豪地把这一成就告诉母亲，母亲却淡然地说："依我看，你跟以前根本没有什么两样，事实上你必须把握比 5100 万美元更值钱的东西：除了对顾客忠诚之外，还要想办法使希尔顿旅馆的人住过了还想再来住，你要想出这样的简单、容易、不花本钱而行之久远的办法来吸引顾客。这样，你的旅馆才有前途。"

母亲的忠告使希尔顿陷入迷惘：究竟什么办法才具备母亲指出的这四大条件呢？他冥思苦想不得其解。于是他逛商店、旅店，以自己作为一个顾客的亲身感受，得出了"微笑服务"这一准确的答案，它也同时具备了母亲提出的四大条件：简单、容易、不花本钱、行之久远。

从此，希尔顿实行了微笑服务这一独创的经营策略。每天他对服务员说的第一句话是："你对顾客微笑了没有？"他要求每个员工不论如何辛苦，都要对顾客投以微笑。

1930年西方国家普遍爆发经济危机，也是美国经济萧条严重的一年，全美旅馆倒闭了80%。希尔顿的旅馆也一家接一家地亏损不堪，曾一度负债50亿美元。希尔顿并不灰心，而是充满信心地对旅馆员工说："目前正值旅馆亏空，靠借债度日的时期，我决定强渡难关，请各位记住，千万不可把愁云挂在脸上，无论旅馆本身遭遇的困难如何，希尔顿旅馆服务员的微笑永远是属于顾客的阳光。"经济危机中纷纷倒闭后幸存的20%的旅馆中，只有希尔顿旅馆服务员面带微笑。经济萧条刚过，希尔顿旅馆便率先进入了繁荣时期，跨入了黄金时代。

众所周知的有美国"旅馆之主"之称的希尔顿，是世界上非常有名气的酒店业者，是国际酒店第一管理者，也是经营最长久的一个。在从1919年到1976年的57年间，美国希尔顿旅馆从一家店扩展到70家，遍布世界五大洲的各大城市，成为全球最大规模的旅馆之一。多年来，希尔顿旅馆生意如此之好，财富增加得如此之快，其成功的秘诀之一，就在于服务人员微笑的魅力。

"哇，这资料看起来好全面啊！"张薇拿起桌上的资料，不由得发出赞叹，"看来这次培训他们办得真的很用心呢！"

"是啊，这个培训看起来很有意思，我之前还没参加过这样的课程。"杨子明回应道。

微笑的作用 ▶▶

九点整，培训室内的气氛已经活跃起来。二十位来自不同部门的新员工已经全部到齐。夏伊站在培训室前，稍微有一点紧张。她清了清嗓子，给自己壮壮胆，然后大声说："大家早上好，我是来自培训部的夏伊，也和大家一样，是新员工，入职一个月。欢迎大家来参加这次礼仪培训，我相信通过一天的学习，大家一定会收获满满。现在，让我们用最热烈的掌声，欢迎今天的主讲老师，我们公司的培训总监，任老师！"

掌声雷动，任老师优雅地走上讲台。"各位同事，早上好！"她的气质如同她的声音一样温婉而有力，瞬间吸引了所有人的注意，"在正式进入今天的培训内容之前，我想先和大家探讨一个问题。相信大家都已经阅读了桌面上关于希尔顿的故事。这个故事，不仅仅是一个关于酒店服务的传奇，更是关于微笑力量的深刻诠释。那么，我想请问大家，在你们看来，微笑究竟有着怎样的作用呢？"

话音刚落，坐在前排的周乐率先举起了手，眼神中闪烁着兴奋的光芒，说："笑一笑十年少，我觉得微笑可以让我们保持年轻的心态，更加长寿。"

"确实如此。"任老师点点头，然后补充道，"有研究发现，年轻时拥有灿烂笑容的人，平均寿命比经常不笑的人要高出7岁。"

全场哗然。

这时,方子羽接过话茬,说:"我听说荷兰有一项研究发现,微笑能让人更显年轻,特别是对那些40岁以上的朋友来说,微笑就像是一种无形的化妆品。"

任老师称赞说:"非常好!所以,男士们普遍认为女士微笑时最有魅力。对不对?"在场的男士们都乐了,气氛变得更加轻松愉快。

"我觉得微笑可以让我们的大脑更活跃。"高颜举手发言,"美国的一项研究发现,一个微笑能够带来相当于2000块巧克力产生的脑部刺激。所以,当我们面对客户时,一个真诚的微笑不仅能给客户带来愉悦的体验,还能让自己的思维更敏捷。"

罗子骞紧接着补充道:"我读过一篇文章,说微笑能减压护心。在面对艰难任务或尴尬的时候,即使是强颜欢笑,也比不笑好。因为微笑可以减轻压力水平,降低心率,保护我们的心脏健康。"

这时,刘子渊也举起手来,说:"微笑服务可以让消费者更乐意多掏钱。就像希尔顿酒店的故事一样,一个真诚的微笑可以给客人留下深刻的印象。"

"大家提到的观点都非常有见地。微笑能让我们显得更年轻、更有魅力。迪堡大学的研究特别有意思,他们发现,毕业照里笑容越多的人,离婚的可能性越低。笑容越少的人,离婚的可能性越高。所以,我们每天都要提醒自己多笑笑。"任老师认真地听着每个人的发言,并在适当的时候给予肯定和补充,然后接着问,"大家有听说过'世界微笑日'吗?"

"老师,我知道,是每年十月的第一个星期五。"前排传来了一个女生的声音。

任老师给她竖起大拇指,点头称赞:"没错。为什么是这么特别的日子呢?关于世界微笑日有两种说法,一种是说由著名的笑脸表情创作者哈维·罗斯·鲍尔(Harvey Ross Ball)创造的节日,目的是向世界宣扬微笑友善的信息。还有另一种说法是，从1948年起，国际红十字会规定将国际红十字会创始人亨利·杜南的生日5月8日为世界红十字日，也即'世界微笑日'。但不管是哪种说法，不管在哪个国家，微笑是世界上最美丽的语言，它不需要任何翻译，就能让人产生信任感，拉近彼此之间的距离。"

随着讨论的深入，员工们对微笑的力量有了更深刻的认识。任老师总结说："今天，我们不仅要学习如何塑造一个具有亲和力的微笑，更要理解微笑背后的深层含义。然后，将微笑的力量融入我们的工作和生活中。"

微笑的三度使用 ▶▶

"问题来了，我们要怎样才能塑造一个具有亲和力的微笑呢？"任老师问。

"哈哈，我知道，要露出八颗牙齿。"后排一位男士爽朗的笑声引得众人会心一笑。

"大家都听过'露出八颗牙齿'的微笑法，今天，我要带大家领略微笑的不同层次。接下来，我演示三种不同的微笑方式，大家来点评一下。"任老师说完，轻轻地上扬嘴角，但没有露出牙齿。大家纷纷发言，有的说："小家碧玉。"有的说："很矜持。"

任老师接着演示，她刻意露出牙齿，咧开一点嘴巴。有一位男士调皮地说："这是职业性假笑！"现场哄堂大笑。任老师打趣地说："没关系，只要客户开心就好！至少，露出牙齿的微笑更能让对方感受到热情。"

最后，任老师嘴角大幅度上扬，露出一排整洁的牙齿，眼睛弯成了月牙状，身体前倾鞠躬，并非常热情地向大家问候。大家纷纷表示"比刚刚两种都好"。

"非常好，这就是'三度微笑训练法'（如图 3-1 所示）。相信大家已经看出它们的区别。这三种方式，没有好坏对错，只是应用的场景会有所不同。我们一个个来看。"任老师停顿了一下继续说，"首先，我们来看一度微笑。"

■ 一度微笑　　　　　■ 二度微笑　　　　　■ 三度微笑

图 3-1　三度微笑示意图

只见她的嘴角轻轻上扬，嘴唇并未张开，嘴角肌肉上提，形成了一抹含蓄而优雅的微笑，让人感受到一种温婉的力量。任老师边示范边说："这种微笑是古时候对女性矜持内敛的要求，而现在，笑不露齿通常是在比较严肃的场合，或者初次与他人会面、长辈与晚辈、上级与下级会面时使用，传递的是一种礼貌与尊重。"

接着，她调整了表情，进入了二度微笑的状态。"二度微笑，嘴笑＋眼笑。像我这样，嘴唇微微张开，嘴角周围的肌肉、颧骨周围的肌肉同时向上，让对方看到你的嘴角上扬和眼睛有笑意。这种适用于商务交谈和打招呼问候寒暄，能迅速打破僵局，让对方感受到你的诚意与尊重。"

最后，任老师深吸一口气，脸上绽放出最灿烂的笑容，"这是三度微笑，嘴笑＋眼笑＋心笑，嘴唇张开，露出 6~8 颗牙齿，嘴角、颧骨、眼睛周围的肌肉同时运动，让对方看到表情明显的笑意和感受到扑面而来的真诚！所以，三度微笑，关键是在专注的眼神、高挑的眉毛、鞠躬的体态、亲切上扬的声音和问候。这种适用于亲朋好友的相聚时光，让人感受到满满的温暖与信任。"

演示完毕，任老师总结道："所以，我们得出结论，真正的微笑不是看露出几颗牙齿，而是笑得真不真诚。最终露不露牙可根据自己嘴型与牙齿状况决定。"

"当然，在面对熟悉的人时，我们会很自然地展现这种真诚微笑，但是面对不熟悉的人时，可能就有点困难。所以，我们要多练习。现在，我邀请三位同事上台，示范一下这三种微笑，看看你们能否通过微笑传递出不同的情感。"

三位同事鼓起勇气走上台前，他们略显紧张，在任老师的指导下，一一展示了三度微笑的不同层次。会议室里充满了欢声笑语，大家的笑容变得越来越自然，也越来越充满自信。

02 | 温和目光传递善意

经过第一节课的热烈互动，原本稍显拘谨的气氛变得轻松起来，新员工们也在点头微笑间开始变得熟络起来。

任老师站在讲台前，待所有同事都安静落座后，开始了新的话题："我们刚刚学习了如何塑造亲和力的微笑，相信经过刚刚的演练，大家都已经掌握了微笑的技巧。接下来，我们学习如何用温和的目光传递善意。"

眼神凝视三角区 ▶▶

任老师缓步走下讲台，穿梭于座位之间，目光柔和地扫过每一位新员工。

"想象一下，当你需要给予朋友鼓励时，你的眼神会是什么样子的呢？"说着，她在一位略显紧张的男士身边停下了脚步，轻声问道："李明，如果你现在想要向同桌表达你的支持，你会怎么做？"

李明被这突如其来的提问微微一愣，随即抬头望向身旁的同桌，眼中闪过一丝犹豫，但很快调整了眼神，尝试着用"温和目光"望向同桌，嘴角也露出了鼓励的微笑。同桌感受到了这份力量，脸上绽放出了感激的笑容。

"看，就是这么简单。"任老师适时地回到讲台前，指尖轻触电脑键盘，屏幕上的幻灯片缓缓亮起。她继续说道，"这里有三张图片，分别是在不同的场景中，请大家分析一下，他们的眼神有什么不同。"

第一张图片，是在一家充满浪漫气息的咖啡厅，灯光柔和地洒在一对情侣身上，他们相对而坐，彼此相望，嘴角微微上扬。

"从这张图片中，大家观察到什么呢？"任老师轻声问道，眼神充满了鼓励。

一位男士率先回答："他们应该是情侣。男生的眼神中充满了温柔与宠溺，女生的眼神充满了幸福与甜蜜，非常美好。"

任老师微笑着点头，说："没错，他们看向对方的区域，叫'亲密关系凝视三角区'（如图 3-2A 所示），就是从眼睛到嘴巴以下身体的部位，通常是一种吸引异性的暗示行为。所以，在职场交流中，避免将眼神看向对方肩膀以下的位置。"大家相互看了一眼，发出了会心的笑声。

A 亲密凝视"三角区"　　B 社交凝视"三角区"　　C 较量感凝视"三角区"

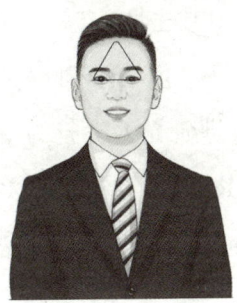

图 3-2　眼神凝视三角区示意图

第二张图片，是在一场盛大的商务晚宴上，每个人都身着华服，一位穿着得体的男士手拿一杯红酒正与一位女士交谈。

任老师再次提问："这张图片里，他们的眼神又有什么不同呢？"

"这是在商务场合，是彼此欣赏与尊重的体现。"另一位男生回答道。

"很好,分析得非常准确。"任老师肯定地说,"他们看向对方的区域,叫'社交凝视三角区'(如图 3-2B 所示),就是双眼与嘴巴的三角区域,表达的是友善、亲和力、真诚。在与人交流的时候,如果将眼神离开对方的面部,会给人一种不投入的印象,为了表达投入倾听和尊重,往往都会望着对方的眼睛。但是,直勾勾地盯着对方眼睛也会让人感压迫感。所以,在交流的过程中,在关注对方眼睛的同时,关注对方的唇形以保证听懂,是比较合适的表现。"

最后,第三张图片映入眼帘,那是一个庄重的会议室,长长的会议桌两旁,分别坐着一位身着职业装的职场精英。他们的表情严肃而专注,眼神中透露出对工作的认真与执着。

这一次,任老师没有提问,直接说:"相信大家看到这张图片的时候,心情都会有点紧张。虽然距离比较远,但是,我们能感觉到他们凝视着对方双眼与额头的三角区,这个区域叫'较量感凝视三角区'(如图 3-2C 所示),凝视这个区域往往带着一些争执的意味和攻击性。"

"这三种不同的凝视区域,分别暗示了三种不同的关系和态度。这是研究人类行为学的作者瓦妮莎·范·爱德华兹(Vanessa Van Edwards)在其著作《捕获人心的科学》中介绍的三种不同的凝视。所以,我们在与人交流的时候,一定要注意不要看错地方了。"

眼神凝视的角度 ▶▶

"接下来,我想请一位男同事和一位女同事上来配合做一些演示。"任老师话音刚落,培训室里立刻响起了一阵轻微的骚动,身材高大的男士黄子正和中等身材的张薇走向讲台,步伐中带着一丝紧张。

任老师微笑着示意他们站在培训室的中央,以便所有人都能看到他们的演示。两人站定，全场的目光瞬间聚焦于他们。"现在，请张薇仰起头来看向黄子正。"任老师停顿了一下，转向张薇，轻声问："张薇，请告诉我，你现在的感受是什么？"

张薇轻轻一笑，回答道："在这样的视角下，黄子正看起来更加高大、威严，让我感觉到一种微妙的距离感，同时也对他产生了更多的敬意。"

同事们也笑了起来，随后，任老师转向黄子正："子正，现在请你俯视看着张薇。然后分享一下你的感受是什么？"

黄子正稍做思考后说："这个角度，让我感觉自己高高在上，可能会给她带来压力。"

任老师指导两位同事调整位置，直到他们能够平视对方："现在，你们再感受一下，当双方目光水平交流时，是不是感觉更加舒适和自然？"

黄子正和张薇相互对视，不约而同地点头："是的，感觉亲近多了。"

"好的，感谢两位的演示，请回到座位上。的确，眼神凝视的角度不同，给人的感觉也会有所不同。仰视，一般表示敬仰与尊重他人，会让被仰视的人内心愉悦，感到被尊重。但是，仰视的时候要注意下巴抬起幅度不宜过高，否则就成了用鼻孔看人了。"

任老师继续解释："俯视容易使对方产生压迫感，从而产生沟通障碍，所以尽量不要站在高处与人交流。如果我们在高处对坐着的人讲话，坐在台下的人自然会仰视讲台，这种情况是空间环境决定的。如果距离够近，建议多俯身交流，保持视线平视会给观众温和亲切的感受。"

"平视，就是交流的双方站在相似的高度，相互凝视。这种凝视角度可以体现双方地位的平等，体现出人际交往的和谐。任何时候，平视的交流会给人舒服的感受。比如，如果要与小朋友交流，建议蹲下来，平视他的眼睛；服务人员在面对坐轮椅的客人时，也应该蹲下来或者弯腰交流，这样可以表达亲切和平等。"

同事们纷纷点头。这时，欧阳子祺举手问："任老师，我们在交流的时候要平视对方，但是，如果对视时间久了，也不太合适，那怎么办呢？"

"子祺提了一个非常好的问题。确实如此，长时间凝视也会让人感到压力。建议大家采用散点柔视的方式，这样目光比较柔和。"任老师边示范边说，"或者适当地将目光从对方面部短暂移开，可以看一看自己手中的笔记本，也可以将目光略向左或向右移开片刻。但是，时间不要太长，一般2~3秒比较合适。如果时间过长，对方会认为我们心不在焉。当然，更不能左顾右盼，或者频繁地看手机和手表。"

"任老师，我觉得不敢正视对方或是躲避眼神，也会让人误解为缺乏自信或是不真诚。"一位男同事补充道，"还有就是，作为男士，我初次见面时，也不要上下打量对方，特别是对女士，这样会显得很无礼。"

任老师点头表示赞同："没错，还有在没有合理缘由的情况下，尤其是在异性之间，注视对方的大腿、腹部、胸部、头顶等部位，或者斜视、偷偷注视，这些都可能让对方感到不适。我们记住，眼神是心灵的窗户，它应该清澈、明亮，而且要充满善意。"

大家相视而笑，培训室内的氛围变得更加温馨而和谐。

03 | 站姿挺拔彰显气度

同事们已经掌握了微笑和目光交流的技巧。休息回来后，热闹的培训室又恢复了安静。任老师准备引入站姿的教学，这是礼仪中另一个重要的组成部分。

"现在，我想请一位男士上来。"任老师邀请道。罗子骞自告奋勇地从座位上站起身，步伐稳健地走向前台。

"感谢子骞的配合。现在，请你想象一下，在升国旗奏国歌的时候，你会怎么站立呢？"任老师提出了第一个情境。子骞挺直腰板，双脚并拢，双手自然下垂，目光正视前方，脸上带着庄重的表情。

"非常好，完美诠释了庄重的感觉。"任老师点头赞许。随即，她提出了第二个情境："在领导交代任务时，你会怎么站立呢？"子骞稍微放松了姿态，但依然保持着专业和专注的站姿，身体微微前倾，双手轻轻交叠于腹前。"很好，这种站姿表明你对工作的认真态度和对领导的尊重。"任老师解释道。

任老师抛出了第三个情境："最后一个情景了，请你想象一下和爱人吵架时，你又会怎么站立？"子骞稍微低下头，表情变得复杂，微微侧身，双脚不再那么规整，双手交叉在胸前。"很好，表情很到位，这种站姿反映了人在冲突中的防御心理。"

"这三种情境中的站姿一定会有区别。这不仅仅是因为场合的不同，更重要的是我们内心情感与态度的不同。每一种站姿背后都是内心想法的一种自然流露。"任老师总结道。

标准站姿 ▶▶

任老师转向幻灯片,屏幕上展示出了男士的标准站姿示意图。

"接下来,我们一起来学习标准站姿。先来看男士的标准站姿。站立时,男士应双脚并拢或微微分开与肩同宽,身体保持直立,胸部微挺,目光平视前方,展现出良好的精神面貌。手位是展现个人风度与自信的重要细节,一般有以下三种(如图 3-3 所示)。"

■ 垂手式站姿　　■ 前搭式站姿　　■ 背手式站姿

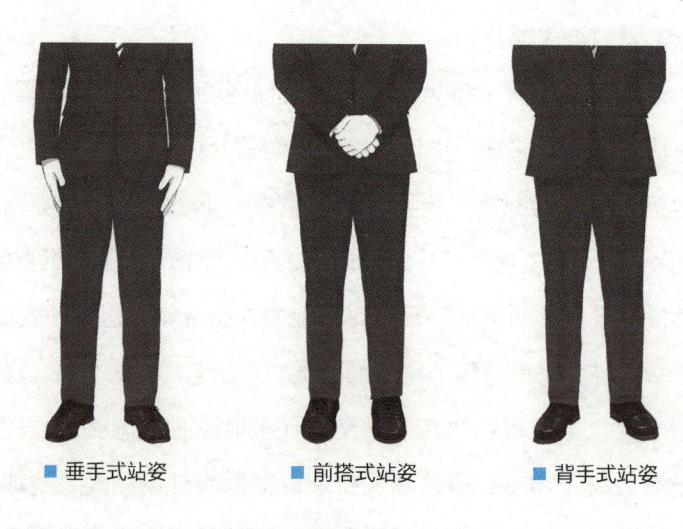

图 3-3　男士的标准站姿图

"垂手式,双手臂自然下垂,轻轻贴于身体两侧,手指微微弯曲,形成柔和的线条,自然而然地放置于裤缝处。这种站姿不仅显得人形象挺拔,还透露出一种不张扬的自信与从容,适用于多种正式或非正式场合。"

"前搭式,左手轻轻覆盖在右手之上,轻轻握住右手手腕,双手自然搭放于小腹前。这种手位不仅能够有效避免手部动作的无意识摆动,还增添了几分亲和力与礼貌感,常见于商务会议、社交活动等需要展现专业与亲和力的场合。"

"背手式，左手置于上方，右手则轻轻握住左手手腕，双手背于后腰处，这种姿势不仅显得背部线条更加挺拔，还透露出一种从容不迫、胸有成竹的气场。背手式站姿常用于需要展现领导风范、表达自信与决心的场合，如演讲、颁奖典礼等，能够有效增强个人的影响力与说服力。"

"任老师，"李明高高举起了手来，声音清脆而有力，吸引了所有人的注意，"我想确认一下，男士在站立的时候，是不是不用像女士那样，非要把双脚完全并拢呢？"

任老师笑着说："李明，这个问题特别好。大部分情况下，男士们并不需要像女士那样并拢双脚，但也有例外。比如，当我们面对值得尊敬的前辈、德高望重的师长或是领导时，稍微地将双脚靠拢一些，甚至并拢，可以让对方感受到我们内心的真诚与敬仰。"

顺着李明的话题，我们来看看女士的站姿和男士的站姿有什么不同。在商务场合中，女士的双腿始终保持并拢，膝盖不分开。双脚脚尖微微分开，呈小 V 字形状站立，脚尖呈 45° 夹角。这样既能保持平衡，又能增添一丝优雅与灵动。双手自然下垂，中指轻轻贴于裤缝，这样既得体又显得大方。

"在服务场合中，推荐采用 Y 型脚位，即双脚分开与肩同宽或稍宽，脚尖微微外展，形成一个小 Y 字形状。与他人进行交流时，双手轻轻相搭放在小腹前。如果是在服务或者迎宾时，双手位于肚脐处。与男士不同的是，女士应该右手在上，握住左手手腕。这种站姿能让顾客感受到'时刻准备为您服务'的温暖与周到（如图 3-4 所示）。"

■ 标准站姿　　　　　　　■ 服务站姿

图 3-4　女士的站姿图

站姿练习 ▶▶

随后，任老师投影了两张图，分别是女士和男士常见的问题站姿，包括塌腰翘臀、探颈、脖子、身体前倾；骨盆后倾、驼背、站立时东倒西歪、倚靠物体等。这些生动的示意图让同事们立刻意识到了自己平时可能忽略的站姿问题（如图 3-5 所示）。

"造成这些不良站姿的原因有很多种，比如长期不良坐姿、站姿、行姿和不科学的运动、遗传或者营养失衡等，也有可能是内心的态度导致的。这些问题，有没有办法纠正呢？有的。我们可以通过以下两种方式进行练习。"任老师站在教室前，身姿挺拔，自信而优雅。

"第一种是九点靠墙练习法（如图 3-6 所示）。我们找到一面垂直于地面的墙作为辅助，双腿并拢，双手自然垂于体侧。接下来，是关键的九点贴合：脚后跟两个点、小腿肚两个点、臀部两个点、肩头两个点、后脑勺一个点贴紧墙面；保持胸部自然挺起，小腹部、臀部和腿部收紧，仿佛有一股内在的力量在支撑着你。"投影上的

| 正常体型 | 塌腰翘臀 | 脖子、身体前倾 | 骨盆后倾、驼背 |

| 正常体型 | 驼背 | 身体前倾、塌腰 | 骨盆后倾 |

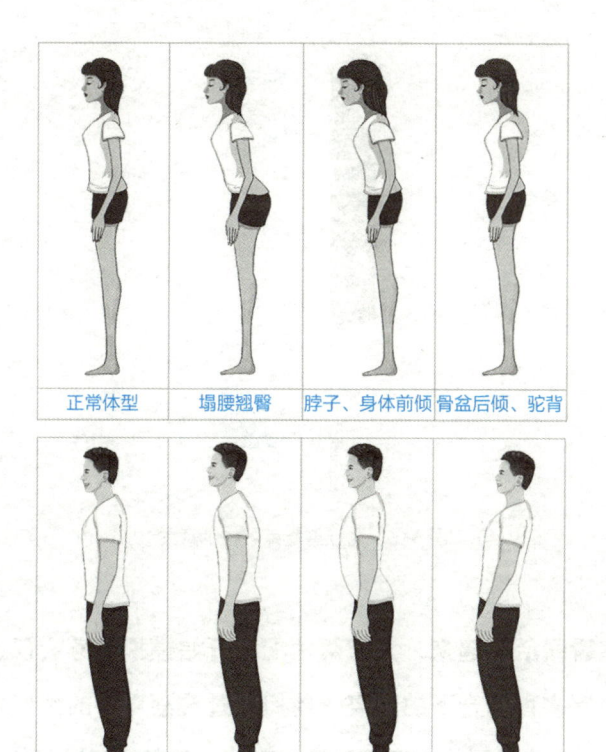

图 3-5 常见的问题站姿图

照片让同事们清楚地看到每个点应该如何贴合墙面。

"第二种是双人站立练习法。两人背靠背站立，互相将脚后跟、小腿肚、臀部、肩部及后脑勺靠在一起，通过力量的互推让自己更加用力。在练习的时候，不建议使用双膝夹着一张 A4 纸的方法来练习，因为不是所有的人都是笔直的双腿，膝盖不靠拢也没关系，尽量站直就好！"

"现在，请大家两人为一组，练习在不同情境下的站姿。"任老师鼓励大家站起来，"注意观察对方的站姿，同时也要注意自己的姿态。"

图 3-6　九点靠墙练习法示意图

教室瞬间活跃起来，大家两两配对开始模拟商务会议、晚宴、休闲聚会等多种场合下的站姿。他们通过观察对方的站姿来相互学习、调整，并给予同伴宝贵的反馈与建议。任老师穿梭于各组之间，对个别同事给予了个性化的指导。

随着练习的进行，大家不仅纠正不良站姿，而且表现得越来越自信和得体。

04 | 行走优雅凸显气质

通过不断的练习，新员工们展现出越来越得体的姿态。任老师看到大家的进步，心中充满了欣慰。她轻轻拍了拍手，吸引大家的注意，然后微笑着说：“各位同事，接下来我们开始学习如何优雅地行走。”

任老师环视了一下教室，确保每个人都在认真聆听，然后继续说道：“行走，看似简单，其实也有许多细节。正确的步态，能够传达出一个人的自信、教养和气质。”

她的声音温柔而坚定，让每个人都感受到了即将学习内容的重要性。

行走步态 ▶▶

任老师站在讲台前，从容不迫地说：“如果我们想展示出优雅的行走步态，需要关注四个方面，包括步幅、步速、步位和步线。”

"首先是步幅，"任老师一边解释一边在教室里轻盈地移动，"步幅要尽量均匀，不要忽大忽小。女士的步幅应该是自己一只脚的长度，男士是 1.5 只脚的长度。"学员们认真观察着。

"接下来是步速。通常情况下，我们保持在每分钟 110 步左右。如果有急事，可以根据实际情况适当调整速度。"

一位男士举手提问："任老师，如果我们需要快速行走，但又不想显得很慌张，应该怎么办呢？"任老师微笑着回答："这是个好问题。如果需要快速行走时，可以适合调整速度，或者通过加大步幅来实现。"

"现在，我们来看步位。"任老师边说边示范，"脚跟先落地，膝盖在脚落地时要伸直；双臂以肩为轴，前后自然摆动，摆幅在 15 到 30 度左右。这样既不过于张扬，也不显拘谨。"

"最后是步线。女士双脚走一条直线，而男士双脚走平行线（如图 3-7 所示）。现在，请大家两人一组，练习这些步态标准。注意观察对方的步态，同时也要注意自己的步伐。"

图 3-7　男女不同步线示意图

行走位次及礼仪 ▶▶

"在行走的时候，除了要注意步态以外，更重要的，还要注意行走的位次和相关的礼仪。接下来，我想通过示范让大家更直观地理解其中的要点。希望大家能仔细观察，如果我有犯错，请勇敢地上来纠正我。"

任老师邀请了一位学员扮演"领导",自己则扮演"下属"。在并肩行走时,她故意走在领导的右边,而且并肩前行,甚至偶尔超越了"领导"。"看到这里,大家有什么问题了吗?"任老师停下脚步,转身面向学员们。

这时,李乐举手站了起来,说:"任老师,我觉得在行走位次上,下属应该走在领导的左后方。如果需要对话,可以快步上前到领导的左侧,但不应长时间并肩,甚至超越领导。"

"非常棒,李乐观察得很仔细,纠正得也很到位。"任老师满意地点点头,给予李乐鼓励的掌声,然后继续示范,"如果是三个人行走,中间为尊位,右边为第二尊位。当然,礼仪的应用往往需要根据具体的情境、双方的关系以及个人的舒适度来灵活调整。尤其是在人行道、楼梯或者需要穿过车流等可能存在安全隐患的场合,男士应该尽量走在女士的外侧。"

"我想问问大家,在行走的过程中,有没有遇到过尴尬的事情呢?"任老师问。

郑子渊举手说:"我曾经撞过一位女生。有一天,我在去领导办公室的路上,突然想起忘带笔记本,我着急转身就想往回跑,结果后面刚好走来一位女生,她差点就撞到我怀里来。"现场哄然大笑。

任老师问:"在这件事上,你学到了什么呢?"

"首先,要观察周围环境,特别是身后和即将前往的方向,确保没有行人或障碍物。"郑子渊说道,"如果可能的话,稍微放慢脚步,给自己和他人留出反应的时间。"

任老师赞许地说:"没错,就像我们在开车途中,如果急刹车,就有可能导致追尾事件。所以,我们要确认安全后再稳步地改变方向。另外,我刚才看到一个非常好的示范。有一位同事,估计是需要处理一些紧急的事情,他站起来后,没有直接向门口走去,而是先后退两三步再转身离去,这样显得更加礼貌。同样,如果我们是要从领导办公室出来,也应该如此,避免让对方看到我们的背部。"任老师边解释边做后退式行姿的示范。

她继续讲解行走时的注意事项,同时请学员们指出可能的错误。"任老师,我们在走廊行走时应该靠右侧,而不是随意穿行。"一位同事指出。

"没错,这是个很重要的规则。"任老师回应道,"特别是,不要从两个正在对话的人中间穿过,这样会打扰到别人。另外,我们不要超越前面的人,如果一定需要超越的时候,应该先示意并说'对不起'或'借过'。"学员们纷纷点头。

"最后,我想强调的是,我们在公共场合要避免奔跑和制造噪声,这样有可能会让周围的人情绪紧张。"任老师总结道,"这不仅是对他人的尊重,也是展现我们自身素养的重要方式。"

最后,大家开始在模拟的走廊和通道上练习行走,他们遵守着任老师教授的规则,确保自己的行走既得体又安全。

05 ｜ 坐姿端正表达涵养

吃过午餐后，大家三三两两地分别回到培训室，交流着上午培训的内容。随着时间的临近，培训室内渐渐安静下来。

下午两点整，夏伊走上讲台："各位同事，经过一个上午的培训，相信大家对下午的内容更加期待了。在请出任老师之前，我想给大家播放一段小视频。"

视频画面从办公室的一角开始，缓慢扫过一排排工位，旁白："在繁忙的工作日常中，我们往往忽略了身边的小细节，比如——坐姿。"

镜头落在第一位员工身上，他正低头盯着电脑屏幕，脖子前伸，背部弯曲，双手僵硬地放在键盘上；镜头转向第二位员工，她斜靠在椅子上，一只脚搭在另一只腿的膝盖上，身体扭曲；镜头快速切换，有人将键盘放得过高，导致手臂悬空；有人则把椅子调得过低，头部后仰。旁白："这些看似习惯的坐姿，将引发颈椎病、腰椎病等一系列健康问题。"

最后，镜头回到一位坐姿端正的员工身上。旁白："正确的坐姿不仅能提高工作效率，更是对我们身体的最好呵护。让我们从今天开始，关注每一个细节，为健康加分。"

视频播放结束后，灯光重新亮起，夏伊走上前说："各位，视频展示的是我们平时忽视的坐姿问题，但它们提醒我们，即使是最微小的习惯，也值得我们去关注和改进。接下来，请大家用热烈的掌声欢迎任老师。"

男士的坐姿 ▶▶

随着掌声的响起,任老师接过夏伊的话筒,走到台前说:"大家看到了,不良的坐姿会影响到身体健康。前面我们也提到,站姿不正确,也常常是因为不良坐姿导致的。除此之外,端正的坐姿更是一个人内心修养的外在展现,每一个细微的动作都透露着个人的涵养与风度。接下来,我想邀请两位男士上台,根据我设定的场景来给大家示范正确的坐姿(如图3-8所示)。"

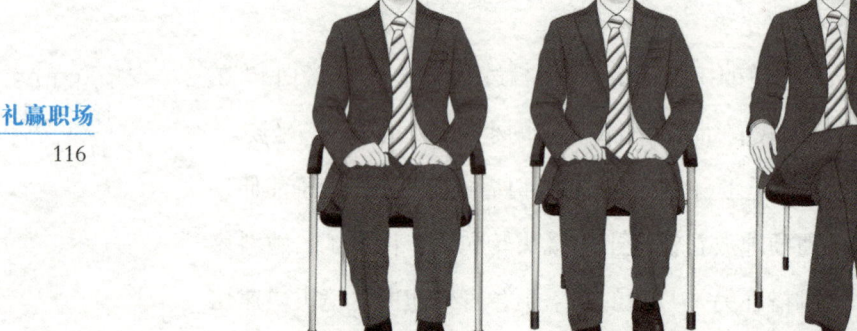

■ 正坐　　　　■ 正坐前点式　　　　■ 正坐架腿式

图3-8　男士坐姿示意图

李乐首先举起了手,然后他的同桌杨子明也站了起来。任老师给出的第一个场景是:面试。李乐是面试官,杨子明是应聘者。夏伊在讲台前摆了两把椅子。

任老师的话语落下,李乐走到椅子前,缓缓坐下,腰背挺直,宛如青松,展现出非凡的气质。等李乐落座后,杨子明也快速坐了下来。尽管扮演的是应聘者,但他的姿态同样自信而得体。他面带微笑，从椅子的左侧入座，入座后双脚分开，与肩同宽，身体与大腿、大腿与小腿，小腿与地面都呈现直角，双手平放于双腿上，目光与李乐保持平视，完美地诠释了"谦逊而不失自信"的态度。

　　任老师满意地看着这一切，然后补充道："非常好。一般情况下，我们要从椅子的左侧入座，这一点，杨子明做得非常好。还有一个细节需要提醒大家，入座前，我们应该目测椅子的面积，确保整个臀部能够舒适地坐在椅子上，同时避免满坐，就是椅子与腿部的接触面积不应超过大腿的二分之一，这样可以表达出积极的大度。"

　　"当然，李乐作为面试官，可以稍微放松一点，比如，用'正坐前点式'的坐姿，其中一只脚伸出半只脚的距离，脚掌着地。"任老师在一旁细心指导着，李乐也调整了一下坐姿，给人一种端正不拘谨的感觉。

　　"男士还有一种'正坐架腿式'坐姿，就是在正坐的基础上，将一只腿架在另外一只腿上；双手可放于椅子把手上，或放于膝盖处；架起脚的脚尖自然垂下，不要上翘。其实就是我们常说的跷二郎腿，这种坐姿很容易留给人一种'霸道总裁'或者权威性很高的印象，所以，不建议晚辈面对长辈的时候使用。"

　　李乐按着任老师的指引，故意摆出了"霸道总裁"的样子，惹得全场大笑。

女士坐姿 ▶▶

　　"非常感谢两位男士的示范，他们的坐姿展现出了男士的绅士风度和自信从容。接下来，我们要讲解的女士的坐姿就更为复杂一些。"任老师微笑着看向几位女同事。

　　说到这里，任老师走到一张空椅子旁，只见她先是轻轻整理了一下自己的裙摆，然后缓缓入座，每一个动作都显得那么自然、优雅。

大家都被她的姿态深深吸引住。

"女同事们不用羡慕，只要大家记住入座的七步骤，就都可以做到，我想邀请几位女同事上来一起跟着我来练习一下。不用担心出错，重要的是参与和体验。"随即有几位女同事走上了讲台。

任老师走到一张空椅子旁，开始示范："这七个步骤分别是：一迈，二跨，三并，四探，五抚，六坐，七调。我们一步一步来。一迈，就是向椅子正前方迈出左腿；二跨，就是向右跨出右脚，靠近椅子；三并，就是收回左腿，双脚并拢，站在椅子正前方；四探，就是一只脚向后小半步，试探距离；五抚，是针对穿着裙装的时候，加一个抚裙的动作，以免服装褶皱或者走光；六坐，就是轻轻坐在椅子正中央，上半身保持笔直；七调，坐下后调整脚和手的位置。"

"很好！大家的姿势都非常标准，尤其是坐下后调整手脚位置的动作非常自然。"任老师对上台的学员给予了肯定，并转身面向全体学员，"刚才我们提到，男士除了正坐以外，还有'正坐前点式'和'正坐架腿式'，一共三种坐姿。大家猜猜女士有几种坐姿呢？"

"五种。"

"七种。"

大家热烈地讨论着，任老师继续说："女士的坐姿确实比男士要更为多样且细腻，一共有八种（如图3-9所示）。第一种正坐和男士的正坐一样，唯一不同的是，女士入座后要双脚并拢，双手可以平放于两条大腿上，也可右手在上，左手在下叠放于双腿之间靠近膝盖处。后面七种坐姿，都是在正坐的基础上有所变化。"

"第二种'正坐前点式'，就是一只脚不动，另一脚往前伸半脚，脚掌着地。这种坐姿可以稍微放松腿部肌肉，适合短时间的休息或交谈。"

"第三种'正坐后点式'和第二种有点类似，一只脚不动，另一脚往后退半脚距离，脚尖着地，脚后跟离地。这种坐姿有助于身

| 正坐 | 正坐前点式 | 正坐后点式 | 正坐交叉式 |

| 正坐架腿式 | 侧位坐 | 侧位交叉式 | 侧位架腿式 |

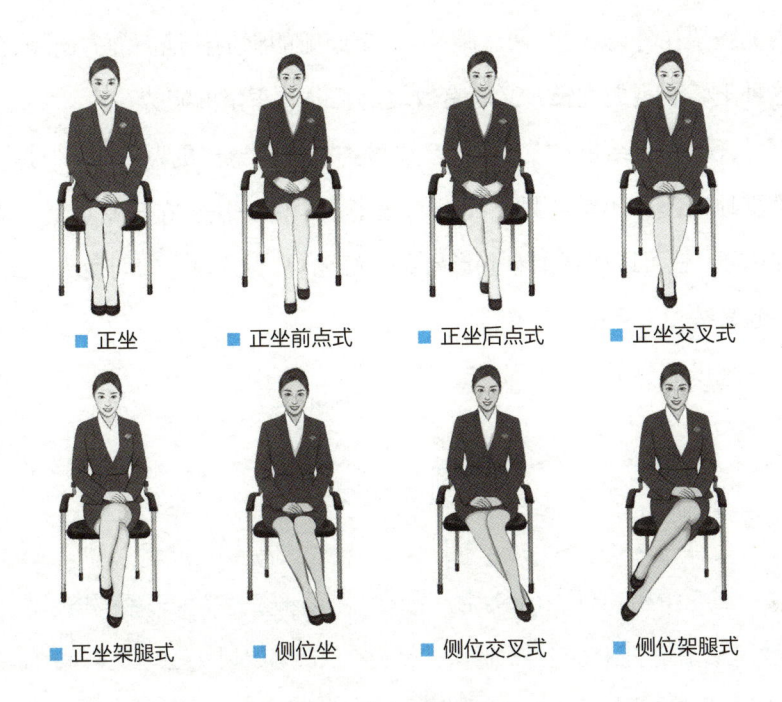

图 3-9　女士坐姿示意图

体前倾，便于倾听或参与讨论，展现出对他人的尊重与关注。"

"第四种'正坐交叉式'，一只脚不动，另一脚往后撤与前腿小腿交叉，脚背靠在前一只脚的脚后跟处。这种坐姿既优雅又能缓解长时间正坐的疲劳。"

"第五种'正坐架腿式'，一条腿不动，另外一腿架在前一条腿上。要注意的是，架起腿的脚尖往地面的方向绷直，避免脚尖朝人。"

"第六种'侧位坐'，保持两条腿的膝盖靠紧，其中一条腿往左或往右平行移动两只脚的宽度，另外一条腿随后与前一条腿并拢。这种坐姿既显得端庄又不失女性的柔美。"

"第七种'侧位交叉式'，在侧腿坐的基础上，外侧腿不动，内侧腿往后撤与前腿的小腿交叉，脚背靠在前一只脚的脚后跟处。这种坐姿能够展现出女性的温婉与含蓄，适合较为轻松的社交场合。"

"最后一种'侧位架腿式'，在侧腿坐的基础上，外侧腿不动，内侧腿架在外侧腿上，两小腿并拢，架起腿的脚尖往地面的方向绷直。这种坐姿既不失优雅，又能有效缓解长时间正坐的疲劳。"

任老师总结道："女士的坐姿种类确实比男士更为多样，但是，优雅地入座并不难，只要我们掌握了正确的方法，在日常生活中多加练习，就可以展现出专业形象和良好风貌。接下来，请两两为一组，一起来练习一下吧。"

现场响起了热烈的掌声。

知识链接

在商务场合与日常生活中，女士的坐姿不仅是个人形象的体现，更是内在修养与气质的流露。优雅的坐姿不仅能够展现女性的柔美与端庄，还能在无形中提升个人魅力，增强自信心。以下是对女士坐姿重要性的深入剖析，旨在帮助每一位女性都能在任何场合下，以优雅的姿态展现自我。

坐姿作为人体静态行为的一种，是他人观察个人形象的第一印象之一。对于女性而言，优雅的坐姿能够立即传达出良好的家教、职业素养与高雅气质。在商务会议、社交活动或日常生活中，保持端庄的坐姿，不仅能够赢得他人的尊重与好感，还能在无形中提升个人形象，为职业生涯与人际交往增添光彩。

优雅的坐姿不仅关乎形象，更与身体健康息息相关。正确的坐姿能够保持脊柱的自然曲线，减轻腰椎与颈椎的负担，预防颈椎病、腰椎病等职业病。同时，良好的坐姿还能促进血液循环，减少久坐带来的疲劳感，提高工作效率与生活质量。因此，对于职场女性而言，掌握正确的坐姿技巧，是维护身体健康、提升工作效率的重要一环。

坐姿是气质的外在表现之一。优雅的坐姿能够展现出女性的柔美与端庄，使人在举手投足间散发出迷人的魅力。通过调整坐姿，女性可以更加自信地面对工作与生活中的各种挑战，展现出从容不迫、优雅大方的气质。同时，优雅的坐姿还能在无形中提升个人魅力，吸引更多人的关注与喜爱。

优雅的坐姿不仅是个人形象的体现，更是内在修养与气质的流露。对于女性而言，掌握正确的坐姿技巧，不仅能够提升个人魅力与自信心，还能在无形中维护身体健康、提高工作效率与生活质量。因此，让我们从这一刻起，以优雅的坐姿迎接每一个挑战与机遇，展现出女性独有的柔美与力量。

正坐前点式坐姿仪态要点如下：

（1）准备姿势

- 选择一个平稳的座位，确保身体能够坐直且不会滑动。
- 双脚并拢，膝盖微微弯曲，准备进入正坐姿势。

（2）调整脚部位置

- 选择一只脚（例如左脚）作为支撑脚，保持其不动。
- 另一只脚（例如右脚）则向前伸出半脚的距离，脚掌完全着地。注意，这里的"半脚"是指一个相对较小的距离，大约相当于脚掌长度的三分之一到一半。

（3）调整身体姿势

- 在保持双脚位置的同时，调整身体姿势，确保背部挺直，肩膀放松，双眼平视前方。
- 如果需要，可以轻轻调整臀部位置，以保持身体的平衡和舒适。

（4）注意事项

在保持这种坐姿时，要注意不要过度前倾或后仰，以免对身体造成不必要的压力。

如果感到腿部肌肉紧张或不适，可以适时更换另一只脚作为支撑脚，或者调整脚部伸出的距离。

此外，还要注意保持呼吸顺畅，避免因为坐姿不当而影响到呼吸系统的正常功能。

06 | 手势规范显露教养

夏伊按照任老师的要求，开始分发资料。每位学员的手中都多了一张A4纸，上面印着四个场景中的手势规范案例。

任老师等所有人拿到资料后，开始说道："我们已经了解了如何在站立和行走中展现我们的礼仪和气质。现在，我们一起来探讨另一个重要的非语言交流元素——手势。"

她顿了顿，继续说道："手势是我们沟通中不可或缺的一部分，它能够强化我们的言辞，传达我们的情感和意图。但同时，不恰当的手势可能会造成误解，影响我们的交流效果。因此，了解并掌握手势的规范使用是非常重要的。"

任老师指向手中的A4纸，继续引导学员们："你们手中的案例，是我们常见的场景下手势的应用。现在，请大家仔细阅读这些案例，并思考哪一些是规范的手势，哪一些是需要改正的。"

在人际交往中，一个得体的手势，往往胜过千言万语，能够无声地显露出一个人的教养与风度。以下是不同场景中展示的手势细节，请判断正确与否。

场景一：在一次高端商务宴会上，服务员小张负责引领贵宾入座。当小张引导一位贵宾走向座位时，他并未直接指向座位，而是远远地向前指了一下方向。

场景二：在一次公司参观活动中，接待员小李全程用手指进行指引方向。

场景三：在一次活动中，小王需要引领来宾至讲台。他在提臂时，手掌抬起至腰部位置。

场景四：在一次重要的商务会议开始前，秘书小赵负责为与会者开门并指引入座。小赵一手扶门把手，另一只手手指并拢，掌心向上进行指引，手掌在腰部的高度，让来宾进入会议室。

任老师的目光在教室里扫视了一圈，确保大家都已经阅读完案例以后，开始提问："我们先来看第一个案例，谁来回答一下小张的做法是否正确？"

黄子正站起来说："任老师，我觉得小张应该把贵宾带到座位上，而不是远远地指引一下方向就离开。"

"很好，的确如此。"任老师点头赞许，然后一边示范一边解释道，"正确的做法是，小张把贵宾带到座位旁边，然后手臂从体侧往身体前侧伸直，大臂、小臂与手掌呈一条直线，五指并拢，掌心微微倾斜，朝向贵宾。此外，前伸式的手势还可以用来提示脚下安全（如图 3-10A 所示）。"

A 前伸式　　B 直臂式　　C 提臂式　　D 回摆式

图 3-10　指引手势示意图

"再来看第二个案例。"

"任老师，我觉得第二个案例也不对，小李不应该用手指来指引方向的，而是应该用手掌。"欧阳子祺发表了自己的看法。

"不错。在参观公司的过程中，我们往往需要指引更远的地方，所以，常常使用直臂式的手势，这样可以让来宾看得更清楚。要求是手臂往身体前上方或侧上方伸出，大臂、小臂与手掌呈一条直线，掌心倾斜朝向来宾、五指并拢（如图 3-10B 所示）。"任老师一边说伸出右手。

"第三个案例，大家觉得正确吗？"任老师继续提问，鼓励大家积极参与讨论。

李明站起来说："不正确，手的高度不够，手掌抬起的高度在腰际（如图 3-10C 所示）。"

"很好，李明说得对，这是提臂式的手势。如果我们是在引领的时候，手掌抬起的高度在腰际的位置；如果是在介绍他人时，手掌抬起的高度要到被介绍人肩部。"任老师补充道。

"最后一个案例，也是正确的。这是回摆式的手势，通常用在为来宾开门，请来宾进入时使用（如图 3-10D 所示）。要提醒大家一点，不管是哪一种手势，我们在指引的时候，手掌不要伸得像一把锋利的刀一样砍向人，五指并拢后掌心微扣，手腕不能松垮，如果手腕松垮给人感觉就不一样了。"

"我给大家演示一下指示的最基本步骤，一共四步：点头、伸手、回头、收手。比如说，我现在带领领导前往会议室，先点头示意并说：'各位领导接下来请随我来。'然后伸手，第三步回头，看着对方，在收手或者在介绍方向的时候说：'请跟我来'。再回头确认一下对方能接收到信号了再收手。"任老师一边示范一边解释道。

"在手势的使用中，除了指引、带领，还有递接物品、握手、端茶倒水等多种使用场景。因此我们还需要注意更多细节。比如，在递接物品的时候，需要起立，露出友善的微笑，目光平视对方，双手递接物品。另外，还需要注意考虑对方的隐私、使用安全和使用方便。如果递送的是一把剪刀，剪刀的刀尖永远朝向自己；如果是一份重要的合同，合同的数字需要保护起来，保护商业机密，尊重客户感受。"

随着任老师的讲解，同事们开始模仿她的动作，认真练习各种手势。他们的手势从生硬逐渐变得自然流畅，每个人都在努力让自己的每一个动作都更加规范和优雅。

07 | 鞠躬致意大国风范

任老师站在讲台前,感受到大家的精神状态依然十分饱满,于是,继续说道:"前面我们学习了丰富的礼仪知识,这节课的内容虽然简单,但却同样重要——关于鞠躬。"

鞠躬角度 ▶▶

"鞠躬,是一种跨越国界和文化的礼节,它以一种最朴素的方式,表达着最深的敬意。虽然日本和韩国在日常生活中使用鞠躬礼的频率较高。但是,鞠躬礼真正起源于中国的商代,它发扬至全世界,是我们中华民族的骄傲和文化自信。"任老师语气坚定地说,大家纷纷点头表示赞同。

说到这里,任老师故意卖了个关子:"那么,现在我想考考大家,你们知道鞠躬时一般会有哪些不同的角度吗?"

"90度!"

"45度!"

"随便,只要看起来有低头就行。"罗子骞开玩笑地说,引得大家纷纷笑了起来,气氛变得轻松愉快。

任老师也笑了,指向了投影屏幕上出现的一张图:"大家说得都对,从严格意义上来说,一般有四种角度,而每一种角度都代表不同的意思(如图3-11所示)。"

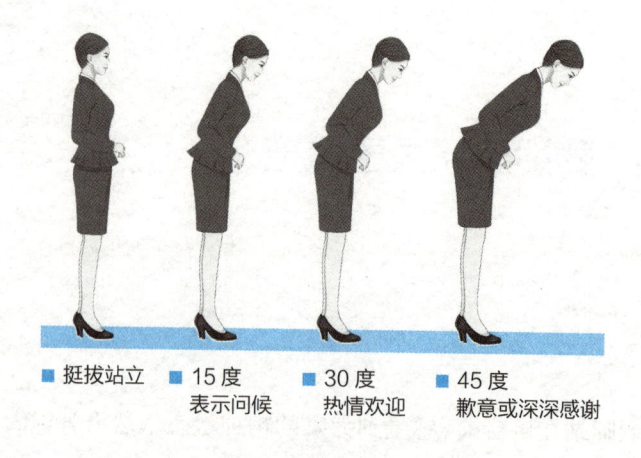

■ 挺拔站立　■ 15度　■ 30度　■ 45度
　　　　　　　表示问候　热情欢迎　歉意或深深感谢

图 3-11　鞠躬致意示意图

"首先，15度鞠躬，是轻微鞠躬，保持身体直立，头部轻轻向下倾斜，通常不需要弯腰。适用于一般的应酬场合，如问候、介绍、握手、让座等情景时，表达日常的礼貌和尊重。"

"30度鞠躬，身体稍微前倾，头部和上身一同向下倾斜，但不要过度弯腰，适用于较为正式的场合，表示热情的欢迎；或者下级给上级、学生给老师、晚辈给前辈、服务人员给来宾等场合，以表示敬意和尊重。"

"45度鞠躬，身体明显前倾，头部和上身向下倾斜。在商务会议或谈判中，遇到地位较高或年长的对方时，45度鞠躬可以展示谦逊和尊重；或者在正式晚宴、颁奖典礼或开幕式等，主持人或重要嘉宾可能用45度鞠躬向宾客表示敬意；也常用于致歉，表示认错和道歉的诚意。"

"90度鞠躬，是深鞠躬，身体几乎完全前倾，头部和上身与地面平行，通常持续几秒钟，是最高级别的尊敬或极其重要的道歉和感谢。"

动作要领 ▶▶

接下来，任老师开始指导大家鞠躬礼的动作要领。

"首先，我们要挺拔站立，"任老师边说边示范，"双腿并拢显得更有敬意。鞠躬的时候，要目视前方，表情得当。头、颈、肩、背、腰要保持一条直线，这是鞠躬礼中最重要的部分。"

学员们认真地模仿着，努力保持身体成直线，任老师在学员中穿行，逐一纠正他们的姿势。

"以胯部为轴心，上半身前倾。"任老师边说边缓慢地前倾身体，就像优雅的时钟指针一样准确，"然后要有一个明显的停顿，大约1~2秒。"她暂停了一会儿，让学员们体会这个停顿的重要性。

"鞠躬的深度可以根据场合的正式程度和你想表达的敬意来调整。"任老师演示了15度和30度鞠躬的区别，"记住，鞠躬越深，表达的敬意越深。"

随着练习的进行，他们的动作虽然略显生疏，但逐渐变得更加自然和得体。任老师对学员们的进步表示赞许："很好，大家做得很好。鞠躬礼不仅仅是一种形式，更是一种内心的表达。希望大家在实际生活中能够运用这些动作要领，展现我们的文化素养和尊重。"

知识链接

在欧洲，拥抱是常见的问候方式，有时还伴以贴面和亲吻。但在商务场合中并不常见，尤其是在与中方人员交往时。

德国的礼节中，握手是一种正式的问候方式，通常伴随着几乎不易察觉的鞠躬，这体现了德国人的严谨和礼貌。除非与主人非常熟悉，否则不推荐使用拥抱或亲吻面颊等更为亲密的问候方式。英国人在商务场合通常穿着正式，但避免身体接触。虽然拥抱可以作为一种友好的问候，但应避免其他形式的身体接触。意大利人认为，握手是商务活动中最为正式的礼节。

在拉丁美洲，握手和拥抱比较频繁。在与人交谈时，相比美国人站得更近，这体现了他们的热情和友好。在这种文化中，保持一定的距离可能被视为不礼貌。

在东方文化中，鞠躬是一种深植于传统的礼节。日本人的鞠躬礼，每次都应得到相同的回应。在日本，鞠躬的深度往往与对方的年龄和地位成正比，这体现了对长者和上级的尊重。值得注意的是，在日本，直接的目光接触和身体接触被认为是不礼貌的行为，目光可移至领带打结处，以示尊重。

志贺内泰弘在其著作《服务就要做到极致》中讲述了一个感人的故事。故事的主人公是早川正延先生，日本雷克萨斯星丘店的一名保安。他的日常工作是维持秩序和引导车辆，工作时间从早九点到晚上七点。尽管保安的工作几乎不需要与客户有太多的语言交流，但是，他想用自己的方式表达对客户的感激之情——每当有雷克萨斯品牌的汽车从星丘店门前的道路上驶过时，他都会向那辆车深深鞠躬致意。年复一年，日复一日，迎来送往。

据统计，早川先生每天鞠躬的次数不少于1000次。这是他自发的行为，而不是来自上级的命令。早川先生说："车主可能是我们的客户，当然，也可能不是，这个我是无从知晓的。但是我就是想对他们表达自己的心意，感谢他们选择雷克萨斯。是不是在我们店里买的都没关系，我不是站在销售的角度感谢他们购买了商品，只是单纯地想致谢而已。"这一段朴素的话其实道出了礼仪的本质——"心中有敬意，行为有表达"。正因为如此，他的行为才格外打动人心。

08 | 优雅蹲姿尽显格局

夕阳的余晖洒进培训室，一天紧张的学习渐渐步入尾声。

"经过一天的学习，我们掌握了如何塑造亲和力的微笑、如何通过温和目光传递善意，还学习了站姿、行走、坐姿、手势和鞠躬，通过优雅的姿态来展示我们的涵养和气质。今天最后一节课，我们来学习蹲姿。"她顿了顿，继续说道，"蹲姿，虽然在日常生活中不常被提及，但它同样是一种重要的身体语言，尤其在某些特定的文化和场合中，能够展现出我们的谦虚和尊重。"

基本要求 ▶▶

任老师说着轻步走到教室中央，开始演示蹲姿的基本要求。

"首先，"任老师边说边示范，"面带微笑，双目平视，保持自然的表情。"学员们注视着她的动作，有的模仿着微笑，有的则认真地观察她的姿态。

"双脚并拢与地面平行，"任老师继续指导，"然后任意一条腿往后撤半步，保持腰背部挺直。"动作舒缓而自然，仿佛在进行一场优雅的舞蹈。

"在蹲下的过程中，动作要流畅，不要急促或显得笨拙。女士们如果穿着裙装，可以用双手手背扶裙后蹲下，这样可以防止走光，同时也显得更优雅（如图 3-12 所示）。"几位女学员点头表示理解。

- 女士可内侧手放于任一大腿上，外侧手捡物品
- 可一只手放在另一只手上
- 可一只手放于同侧高腿位上，另一手用于指示（用于服务）

图 3-12　女士蹲姿示意图

看见几位男士别扭地蹲下，任老师笑了，说："男士蹲下的时候，双腿不用并拢，可以和站姿一下，与肩同宽，双手分别放在两只膝盖上（如图 3-13 所示）。"男士们也尴尬地笑出声来。

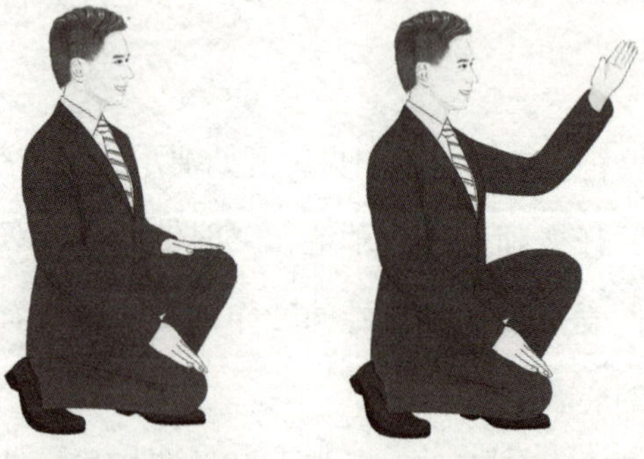

- 男士双手可分别放于两条大腿上
- 一只手放于腿上另一只手用于服务

图 3-13　男士蹲姿示意图

应用场景 ▶▶

"接下来,请大家看图。"任老师回到讲台,她身后的大屏幕上出现了几种不同的场景图片。

"如果我们要拾东西时,"她指着屏幕上一位女士蹲下拾物的图片,"女士内侧手放于任一大腿上,外侧手捡物品,这样既安全又优雅。千万不要撅起屁股来捡,这样会不优雅。"学员们认真地看着图片,有的开始模仿动作。

"如果需要合影时,"任老师切换到另一张图片,上面是一位女士正与人蹲姿交谈,"可以右手在上,左手在下,双手叠放于高腿位上,这样显得亲切而自然。"

"如果用于服务指引或介绍时,"任老师指向一张图片,上面是一位服务员正用蹲姿为客人指引方向,"可以一只手放于同侧高腿位上,另一手用于指示,这样既专业又礼貌。"

"最后,"任老师指向最后一组图片,"大家看看这两张图,左边是半跪式蹲姿,右边是半蹲式蹲姿(如图 3-14 所示),请大家告诉这两种蹲姿适用于什么情景下呢?"

■ 半跪式蹲姿　　■ 半蹲式蹲姿

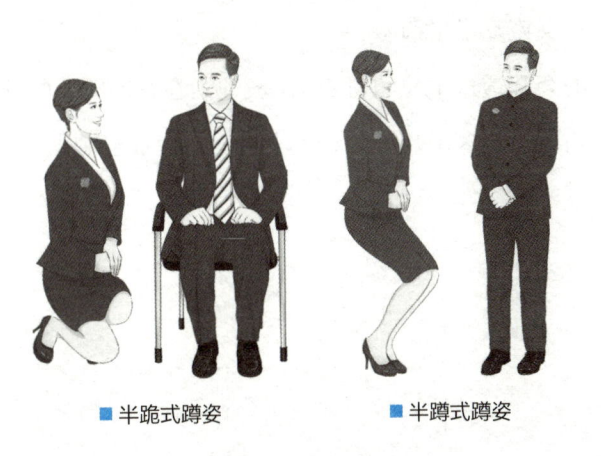

图 3-14　蹲姿示意图

欧阳子祺举手说:"任老师,这种半跪式的蹲姿是在面对老人家才用吧?"

"非常好,你注意到了,这种蹲姿适用于长者坐在椅子上位置较低时,使用半跪式蹲姿可以展现出尊重和礼貌。大家如果有留意,很多记者在采访时,如果遇到坐轮椅的人,都会用这种蹲姿。还有一种情况,半跪式蹲姿也适用于跟小朋友去交流,因为蹲下来,才能与小朋友的眼睛保持平行。当我们用最善良和平等的方式与对方交流时,姿态放低,就算单纯的小孩也能感受到我们的真诚、友好和善意,也会不自觉地喜爱。这一点就和我们前面讲到的目光交流的原则是一样的。"

"这种蹲姿,"任老师继续解释,"是在高低式蹲姿的基础上,一腿单膝点地,脚尖着地,臀部坐在脚跟上。"

接着,她指向另一张图,"而半蹲式蹲姿,双腿并拢,臀部向下但不蹲下,双膝微微弯曲,上身稍微前倾,保持身体半立半蹲的状态。"任老师再次示范,"这种蹲姿适用于对方比我们身高略低时,可以让对方感到更舒适和尊重。"

经过一天的密集学习,大家的脸上都显露出一丝疲惫,但更多的是一种收获后的满足和兴奋。大家收拾起自己的学习材料回到办公室,一切又恢复了平静。

夕阳的余晖透过半拉的窗帘,斑驳地洒在宽敞明亮的培训室里。灯光依旧明亮,却多了几分柔和,不再像清晨那般刺眼。

场景管理
WORKPLACE
ETIQUETTE

01　商务拜访礼仪：建立良好的第一印象
02　商务接待礼仪：细节中彰显专业风范
03　位次安排礼仪：尊重为先的精髓体现
04　中式宴请礼仪：传承文化底蕴的艺术

在职场礼仪的广阔天地里，商务接待与拜访作为人际互动的重要篇章，不仅承载着企业形象与文化的传递，更是深化业务关系、拓展合作版图的金钥匙。每一场精心策划的接待活动，每一次细致入微的拜访之旅，都是对专业精神与礼仪修养的极致诠释。

掌握商务社交与接待拜访礼仪，助力个人发展，提升企业品牌，彰显国家风采

在纷繁复杂的商务世界中，接待和拜访礼仪，以及商务社交礼仪，如同一条条无形的纽带，连接着个人、企业与国家，编织出一张张紧密而稳固的关系网。学习并掌握这些礼仪，不仅是对个人素养的提升，更是对企业形象的塑造，乃至对国家形象的展现，具有深远而重大的意义。

（1）对个人的影响：塑造形象，拓宽人脉

对于个人而言，接待和拜访礼仪是职场生涯中不可或缺的"软实力"。它们不仅能够帮助我们在商务场合中表现得更加自信、得体，从而赢得他人的尊重与信任，还能够极大地拓宽我们的人脉资源。良好的礼仪修养，如同一张无形的名片，让我们在人际交往中更加游刃有余，无论是寻求合作机会，还是建立长久的友谊，都能事半功倍。

（2）对企业的影响：塑造品牌，促进合作

对于企业而言，商务社交礼仪是塑造品牌形象、提升企业文化内涵的重要手段。一次精心策划的接待活动，或是一次周到细致的拜访，都能够向客户、合作伙伴乃至社会公众展示企业的专业程度、文化底蕴与服务意识。这不仅有助于增强企业的市场竞争力，还能

够促进更深层次的业务合作，为企业的发展注入源源不断的动力。

（3）对国家形象的影响：传递文化，彰显风采

在更广阔的层面上，商务社交礼仪还承载着传递国家文化、彰显国家风采的重要使命。在国际商务交往中，我们的礼仪表现不仅代表个人或企业，更在一定程度上反映了国家的文明程度与文化底蕴。通过遵循国际公认的礼仪规范，展现中华民族的优雅风度与礼仪之邦的风采，我们能够增进国际社会对中国的了解与尊重，为国家的对外开放与合作创造更加有利的外部环境。

学习接待和拜访礼仪，以及商务社交礼仪，不仅关乎个人的成长与发展，更关乎企业的兴衰与国家的形象。它们是我们在职场与商务活动中不可或缺的"武器"，能够帮助我们在复杂的人际交往中游刃有余，为个人的成功、企业的发展乃至国家的繁荣贡献自己的力量。因此，让我们从点滴做起，从每一次握手、每一次微笑、每一次交谈中，展现出最优雅的礼仪风采，共同书写商务社交的辉煌篇章。

商务接待拜访与社交的场景管理：内容全览与实操指南

（1）商务接待：企业形象与文化的璀璨展示

商务接待，作为企业对外交往的"第一印象"，其重要性不言而喻。从客户拜访到国际会议，每一个场景都是对企业形象与文化底蕴的直接检验。一场成功的接待，始于对细节的极致追求——从环境布置到氛围营造，从接待流程到服务细节，无一不体现出企业的专业与用心。在接待过程中，深入了解对方需求，尊重并满足其意愿，通过倾听、理解与有效沟通，构建起和谐友好的合作桥梁。

同时，接待人员的职业素养与礼仪修养，更是企业形象的生动注脚，它们如同一张张无形的名片，无声地传递着企业的价值观与文化内涵。接待结束后，及时跟进反馈，总结经验教训，不仅是对本次接待的完美收官，更是为未来合作播下信任的种子。

(2) 商务拜访：深化了解，拓展合作的桥梁

相较于接待，商务拜访则更多地体现了主动出击的姿态。从预约确认到行程规划，从见面问候到深入交流，每一步都需精心准备，以展现对对方的尊重与重视。在拜访过程中，通过观察与倾听，深入了解对方的需求与期望，寻找合作的契合点。同时，个人的礼仪修养与专业素养同样至关重要，它们不仅能够帮助你赢得对方的好感与信任，更能为后续的深入合作奠定坚实的基础。告别之际，一份真挚的感谢与对未来合作的期待，往往能成为双方关系升华的催化剂。

(3) 从见面到告别：人际互动的艺术

无论是接待还是拜访，从见面的那一刻起，人际互动的艺术便开始悄然上演。一个温暖的微笑、一次坚定的握手、一句贴心的问候，都能瞬间拉近双方的距离。而在交流的过程中，保持适度的眼神接触、运用得体的肢体语言、掌握恰当的交谈技巧，都是展现个人魅力与专业素养的关键。告别之际，更是检验礼仪修养的试金石——一个礼貌的告别语、一次真诚的感谢、一个优雅的转身，都能给对方留下深刻的印象，为未来的合作留下无限可能。

01 | 商务拜访礼仪：建立良好的第一印象

在宏茂集团的宽敞明亮的前台，方子羽整理着资料。墙上的时钟指向九点四十五分，注意到有两位客人步入了接待区，她立即放下手中的工作，站起身来，脸上露出了热情而专业的微笑："先生您好，请问有什么可以帮您吗？"声音温暖而亲切。

秦开穿着一身整洁的西装，他礼貌地回应道："您好，我是水桥影视公司的秦开，这位是我的同事颜皙，我们约了李总来谈公司宣传片的拍摄事宜。"

"好的，请稍等，我确认一下预约单。"方子羽迅速而准确地在电脑上查找相关信息，动作熟练而有条不紊。在确认了预约信息后，方子羽礼貌地请秦开和颜皙出示证件进行登记："好的，您是约了李总十点。请您出示一下证件，我们需要进行简单的登记。"

秦开和颜皙理解地点头，随即递上了自己的身份证件。方子羽双手接过证件，在归还证件时，还特别注意将证件的文字正面朝向客户，微笑着说："感谢两位的配合。秦先生，颜先生，两位这边请。"方子羽伸出左手，以一个标准的引导姿势，带领来宾走向会议室。

走廊上，柔和的灯光和淡雅的装饰画营造出宁静的氛围。方子羽让来宾走在自己的右手边，并保持1.5米左右的距离。进入会议室，方子羽请两位稍等，她轻盈地转身，去邀请李总。不久，方子羽跟随李总回到了会议室。

"秦先生，这位是李总。"方子羽为双方介绍，然后转向李总说："李总，这位是水桥影视公司市场部的秦开秦先生。"

李总伸出右手，与秦开握手："秦先生，欢迎来到宏茂集团，期待我们的合作。"

秦开握手后递上名片，恭敬地说："李总，您好，久仰大名。这是我的名片，请多多指教。"他的双手递送名片，名片正面朝向李总，身体略微前倾，展现出尊重和礼貌。

双方交换名片后，方子羽继续介绍："这位是制作部的颜晢。"颜晢也递上了自己的名片。

大家就座后，方子羽询问："两位，我们这里有绿茶、红茶、咖啡，请问两位想喝点什么呢？"秦开回答："我们要红茶吧，谢谢。"方子羽转向李总，李总说："也给我一杯红茶吧。"

很快，方子羽左手端着一个托盘从茶水间走来，上面放着三杯香气四溢的红茶。她轻轻敲门，得到允许后，带着微笑进入会议室。她到了合适的位置后站定，右腿往后一步，直立的上半身轻轻下蹲，双腿并拢，右手稳稳地端住茶杯底托，轻轻放在来宾面前，手柄朝向客户，位置恰到好处。放稳茶杯后，方子羽用微笑的眼神和手势示意，礼貌地说："秦先生，请用茶。颜先生，请用茶。"然后起身走到李总面前，用同样熟练的动作放下茶杯，然后站立退后一步，轻声退出房间，小心翼翼地关上门。

秦开打开了他的笔记本电脑，屏幕上展示着水桥影视公司的案例和优势。他自信地说道："李总，我们水桥影视在行业内拥有多年的经验，我们的团队汇聚了一批创意和技术兼备的人才。"随着他的介绍，李总不时地点头。秦开继续展示他们的方案，每一个细节都经过精心准备和策划。他用清晰有力的语言，向李总展示了他们如何将宏茂集团的理念和文化融入宣传片中，以及他们独特的创意视角。

方案展示结束，李总显得非常满意，他对秦开和颜晢的专业性和创意给予了高度评价。李总站起身来，主动伸出手与秦开和颜皙再次握手，表示感谢："秦先生，颜先生，感谢你们的精彩展示，我对我们的合作充满期待。"

秦开和颜皙也随即起身，与李总握手，秦开回应道："李总，我们也期待能够与宏茂集团合作。"李总亲自送秦开和颜皙到公司门口。在门口，秦开和颜皙深深鞠躬致意，秦开说："李总，再次感谢您今天的接待，我们一定不负您所望。"

李总挥手告别，看着秦开和颜皙的身影消失在走廊的尽头。

知识链接

（1）拜访篇

①商务预约。

在商务交往的广阔舞台上，预约不仅是对时间管理的精准把控，更是对他人尊重与自身专业素养的深刻体现。未经预约的贸然拜访，无异于一场突如其来的"惊扰"，不仅可能打断对方的工作节奏，更可能因缺乏必要的准备而显得仓促且失礼。因此，掌握并实践商务预约的礼仪，是每一位职场人士必备的技能。

邮件与电话：正式而严谨的预约之道。 邮件与电话，作为商务预约中的"经典组合"，以其正式性和可靠性著称。在获取对方联系方式后，首先通过一通礼貌而简练的电话，开启预约的序幕。在通话中，将选择权优雅地交予对方，以"您看何时方便我前来拜访？"这样的询问，既体现了对对方日程的尊重，也展现了自身的谦逊与周到。随后，以邮件的形式固化这次预约的细节，包括拜访的时间、地点以及参与人员等，确保信息的准确无误与广泛传达。邮件的发送，不仅为所有相关方提供了清晰的日程安排，更是一次对企业形象与专业态度的无声展示。

微信：便捷与灵活的现代预约选择。 在快节奏的现代商务环境中，微信以其即时性与便捷性，成为小范围沟通与预约的新宠。对于已建立微信联系的客户，通过微信进行预约，既显得亲切又不失正式。例如，提前以一句"下周三上午十点，不知您是否有空，我们是否可以安排一次电话会议？"开启预约的对话，既体现了对对方时间的尊重，又保持了沟通的灵活性。而在预约当天，抵达对方公司后，通过微信发送一条简短而礼貌的问候："XXX，我已抵达贵公司会议室，静候您的到来。"这样的举动，不仅展现了自身的守时与诚意，也为接下来的会面营造了一个温馨而专业的氛围。

无论是选择邮件与电话的正式预约，还是微信的便捷沟通，商务预约的核心都在于尊重与效率的双重体现。它要求我们不仅要对对方的日程与空间保持高度的尊重，更要通过高效的沟通方式，确保双方都能以最充分的准备迎接每一次的商务交流。在这个过程中，我们学会了如何在尊重与效率之间找到最佳的平衡点，让每一次的预约都成为一次专业与礼仪的完美展现。

②拜访礼仪。

拜访，作为商务交往中的重要环节，不仅是信息传递与业务洽谈的桥梁，更是个人素养与企业形象的直观展现。一次成功的拜访，离不开周密的准备、得体的表现与细致的收尾。以下，我们将从资料准备、时间规划、印象管理、会谈主题、头尾寒暄、跟踪事项及礼貌道别等七个方面，详细阐述拜访礼仪的精髓。

资料准备：详尽而精准。在踏上拜访之旅前，确保所携资料齐全且针对性强，是拜访成功的第一步。根据拜访目的，精心挑选并整理相关文件、数据或产品样本，甚至提前制作幻灯片，以便在会谈中直观、高效地展示。对于销售产品而言，携带实物样品或模型，能让客户更直观地感受产品魅力，增强沟通效果。

时间规划：守时即专业。守时是商务拜访中最基本的尊重与专业素养的体现。建议提前至少15分钟到达，这不仅为登记、熟悉环境预留了充足时间，更可在洗手间整理仪容，或对资料进行最后的梳理与熟悉，确保以最佳状态迎接会谈。同时，在会谈开始前明确沟通所需时间，既避免了因会谈过长而耽误客户用餐等尴尬情况，也体现了对双方时间的尊重与珍视。

印象管理：职业化与亲和力并重。拜访过程中，个人仪态与态度至关重要。面对客户，应保持职业化、积极且友好的姿态，让每一次微笑、每一次握手都传递出专业与诚意。同时，切勿忽视接待我们的工作人员，一句简洁明了的自我介绍与预约确认，如"您好，我是A公司的XX，与陈总约了下午两点见面"，既展现了尊重，也体现了专业。

会谈主题：聚焦核心，深入浅出。会谈内容应紧扣核心议题，避免冗长无序。提前规划并聚焦于三个关键要点，确保每个点都能以简洁明了的方式传达关键信息。若议题繁多，建议通过邮件或电话提前与客户沟通，明确会议议程，确保双方对会议目的有共同的理解与期待，从而提高会谈效率与成果。

头尾寒暄：拉近距离，不失分寸。会谈前后的寒暄，是拉近双方距离、营造轻松氛围的绝佳机会。若与客户已有私交，可适当聊些生活化话题，但切记避免触及隐私或敏感话题。若关系尚浅，则建议以工作为主，保持专业与礼貌，避免尴尬或误会。

跟踪事项：明确责任，条理清晰。在拜访结束前，对后续跟踪事项进行再次确认，包括具体任务、责任人与完成时间等，既展现了你的条理性与责任心，也让客户对你的专业能力更加信赖。这一环节，是确保拜访成果转化为实际行动的关键。

礼貌道别：感恩之心，细节之处见真章。感谢客户的宝贵时间与合作机会，是拜访礼仪的收尾之笔。同时，细致检查个人物品，确保无遗漏，以免给客户带来不便。离开时，主动整理会议现场，恢复整洁环境，这一小小举动，不仅体现了你的专业素养，更展现了你的良好教养与对细节的关注。

③让人感受美好的小举动。

我们先来看一个案例：

某市文化单位计划兴建一座影剧院。一天，公司经理正在办公，家具公司李经理上门推销座椅。一进门，李经理便赞叹道："哇！好气派。我很少见到这么漂亮的办公室。如果我也有一间这样的办公室，那我这一生就满足了。"李经理就这样开始了他的谈话。

接着，他又摸了摸办公椅扶手说："这不是香山红木么？这真是难得一见的上等木料呀。"王经理的自豪感油然而生，他回应道："是的，我的整个办公室都是请深圳装潢厂家装修的。"随后，他亲自带着李经理参观了整个办公室，详细介绍了设计比例、装修材料和色彩搭配，兴致勃勃，自我满足之情溢于言表。在这样的氛围中，李经理自然能够获得王经理签署的座椅订购合同。双方都感到一种满足，这是一次成功的商务交流。

案例中，家具公司李经理通过巧妙的赞美，成功赢得了王经理的好感与信任，进而促成了座椅订购合同的签订。这样的赞美不仅让王经理的自豪感油然而生，更在无形中拉近了双方的距离，为后续的商务交流奠定了良好的基础。赞美不仅成为双方情感交流的桥梁，更成为推动合作进程的关键力量。

在商务交往的广阔舞台上，每一个细微的动作与言辞都可能成为影响谈判氛围、塑造个人形象乃至推动合作进程的关键。非语言交流，作为沟通的重要组成部分，其力量往往不容小觑。以下，我们将深入探讨在商务场合中如何通过点头、挥手、鼓掌等小举动展现专业与尊重，以及如何通过赞美这一艺术手法，搭建起双方情感与信任的桥梁。

点头：认同与尊重的微妙表达。点头，这一简单却富有深意的动作，是商务交流中表示同意、理解或鼓励的常用方式。正确的点头姿势应保持头部垂直，轻轻上下移动，同时辅以温暖的微笑，以传递出友好与尊重的信号。为避免东倒西歪的失态，可尝试单手握拳竖直置于颈前，用下巴轻轻触碰拳头指根，以此练习点头的精准与适度。这样的点头，不仅展现了你的专注与认同，更在无形中拉近了与对方的距离。

挥手：告别与示意的优雅姿态。挥手，作为告别或远距离示意的经典动作，其优雅与得体同样关乎个人形象。在挥手时，应保持正确的站姿，右手高举，五指并拢，手掌、手腕、手臂形成一条直线，轻轻摆动，以传递出清晰而友好的信号。男士可微微张开大拇指，增添一丝阳刚之气；而女士则应避免仅摇动手腕，以免显得过于妩媚，不符合职场的专业形象。

鼓掌：赞赏与鼓励的热烈表达。鼓掌，是商务会谈、拜访或大型会议中表达赞赏、鼓励或庆祝的常用方式。正确的鼓掌姿势应将双手置于心脏位置，两手虎口张开，以适中的频率与力度拍击，营造出热烈而和谐的氛围。掌声的响亮与持久，不仅体现了对发言者的尊重与认可，更能够激发在场者的共鸣与参与感。

赞美：情感与信任的桥梁。赞美，作为非语言交流中的瑰宝，其力量在于能够瞬间拉近人心，营造积极和谐的交流氛围。在商务场合中，适时而恰当的赞美能够展现你的细心与敏锐，同时让对方感受到被重视与尊重。赞美应具体而真诚，可以针对对方的着装、气色、能力或所取得的成就进行，如："王主任，您的领导力和专业素养真是令人钦佩，没有您，我们这个项目绝不可能如此顺利地推进。"在赞美时，还需注意场合与分寸，私人场合的赞美可以更加深入与走心，而公共场合则应适度收敛，以免让对方感到尴尬或不适。

（2）会面篇

①称谓礼。

在商务交往的广阔舞台上，称谓不仅是语言交流的起点，更是表达尊重、展现礼貌与专业素养的重要方式。一个恰当的称谓，能够瞬间拉近人与人之间的距离，为后续的商务合作奠定良好的基础。以下，我们将深入探讨商务交往中称谓的选择与运用，以期为您的商务礼仪增添一抹亮色。

职务称呼：彰显职位与职责。在商务场合中，直接称呼对方的全名往往显得过于生硬，而采用职务称呼则能更好地体现对方在组织中的职位与职责。如"科长""处长""经理""部长"等，这些称谓不仅明确了对方的身份，也传达了对其职业地位的尊重与认可。在正式会议、商务洽谈或官方文件中，职务称呼更是不可或缺，它彰显了场合的正式性与专业性。

职称称呼：突出专业技能与学术成就。对于那些在专业领域内有着显著成就或深厚造诣的人士，采用职称称呼无疑是最为恰当的。如"教授""主编""设计师""工程师"等，这些称谓不仅突出了对方的专业技能与学术地位，也体现了对其专业贡献的肯定与敬仰。在学术交流、专业研讨会或行业峰会上，职称称呼更是成为连接同行、促进交流的桥梁。

职业称呼：亲切而专业。依据对方所从事的职业进行称呼，既亲切又专业，能够迅速拉近双方的距离。如"老师""教练""医生""警官"等，这些称谓不仅体现了对对方职业的尊重与认同，也传达了对其专业能力的信任与期待。在日常交往中，职业称呼往往能够让人感受到温暖与关怀，为商务合作增添一份人情味。

姓名称呼：熟络中的亲切与尊重。在较为熟络或轻松的商务环境中，采用姓名称呼可以显得更加亲切与自然。如使用昵称"园园""方方"，或是加上姓氏的简化形式"小刘""小王"，这些称呼不仅缩短了双方的心理距离，也体现了对彼此关系的认可与珍视。然而，姓名称呼的使用需谨慎，务必确保对方接受并感到舒适，避免因称呼不当而造成尴尬或误解。

性别称呼：尊重与礼貌的体现。性别称呼如"先生""女士""太太"，是商务交往中表达尊重与礼貌的重要方式。它们不仅体现了对性别的尊重与关注，也彰显了场合的正式与庄重。至于"小姐"这一称呼，原本是对年轻、未婚女性的高雅尊称，但在现代语境中可能因某些误解而带有歧义。因此，在使用时需格外谨慎，确保对方接受并认同这一称呼，以免引发不必要的误会或不适。

②介绍礼。

介绍，作为人与人相互沟通的起点，其重要性不言而喻。它不仅是缩短人际距离的桥梁，更是扩大交际圈、广结朋友的敲门砖。在社交与商务场合中，得体的介绍不仅能够助力自我展示与宣传，更能在人际交往中消除误会、减少麻烦，为个人的社交形象增添光彩。介绍礼，根据场景与对象的不同，可分为自我介绍、他人介绍与集体介绍三种形式，每一种都蕴含着独特的礼仪规范与技巧。

自我介绍。作为最重要且基础的介绍方式，自我介绍是向他人展示自己的第一步。其基本程序包括：先以点头致意表达友好，待对方回应后，再清晰、简洁地介绍自己的姓名、身份及单位，并适时递上名片以加深印象。自我介绍应遵循"简明扼要"的原则，通常控制在半分钟以内，即便在特殊情况下也不宜超过三分钟，以免冗长乏味。

在特定场合下，如社交活动中偶遇心仪之人却无介绍人时，自我介绍便显得尤为重要。此时，应遵循以下原则：

- 年少者主动向年长者介绍自己，以示尊重；
- 资历浅者主动向资历深者介绍，彰显谦逊；
- 职位低者主动向职位高者介绍，体现敬意。

例如，新员工面对公司董事长时，可礼貌地说："李总，您好！我是新入职的办公室职员任老师，未来还请您多多指教。"

他人介绍。即通过第三方为不相识的双方引荐，是社交与商务活动中不可或缺的一环。在进行他人介绍时，应遵循以下礼仪原则：

首先，尊重意愿，即确认双方是否有结识的意愿，避免强行介绍造成尴尬。

其次，注意次序，遵循"尊者优先"的原则，先介绍年轻者、身份低者给年长者、身份高者；先介绍男士给女士（若双方职务相当且年轻）；先介绍未婚者给已婚者；先介绍客人给主人，晚到者给早到者。业务介绍时，需先提及组织名称与个人职衔。

再次，使用敬辞，介绍词应郑重且得体，可采用"×××，请允许我向您介绍……"等句式，在非正式场合则可适当简化，如"让我介绍一下"或"这位是……"。介绍时，应清晰说出称谓，并可适当加入定语、形容词或赞美词。

最后，注重细节，掌握平衡原则。介绍时，手势应得体，表情应亲切。被介绍双方应正视对方，除年长或位尊者外，最好起身点头或握手致意，并说些如"您好，认识您很高兴"等礼貌用语。掌握平衡指的是介绍时应兼顾双方，避免厚此薄彼，确保介绍过程和谐、平衡。

集体介绍。即多人之间的介绍，包括将一人介绍给多人或将多组人员相互介绍。在此类介绍中，通常按照座位次序或职务高低进行。集体介绍不仅考验介绍人的应变能力，更需注重团队形象的展示与团队氛围的营造。因此，在进行集体介绍时，应确保每位成员都能得到恰当的介绍与关注，同时也要注意维护团队的整体形象与和谐氛围。

③握手礼。

握手，作为商务与社交交往中的一项基本礼节，其背后蕴含着深厚的礼仪文化与情感交流。一个恰当的握手，不仅能够传递友好与尊重，更能在无形中拉近人与人之间的距离。以下，我们将深入探讨握手的次序与仪态，以期为您的社交礼仪增添一抹亮色。

握手的次序。握手次序，虽看似细微，却实则关乎礼仪之大成。在不同的场合与对象间，握手的次序有着不同的讲究。

首先，男士与女士之间，在没有长幼、职务高低之分的情况下，通常遵循国际第一礼俗"女士优先"的原则。但商务礼仪中，并不总是按照女士优先的惯例，更多的是按照主客之间关系而定，迎接时主人主动向客人伸手表示欢迎，告别时客人主动伸手表示感谢，如若在告别时，主人主动伸手告别，则有"逐客"之嫌；或者按照"尊者优先"，即身份高者有优先选择伸手的权利。

其次，上级与下级之间，在等级分明的场合，上级通常拥有握手的优先权。下级应耐心等待上级的示意，不可急于握手，以示对上级的尊重与敬仰。

再次，长辈与晚辈之间的握手，一般由长辈先伸手。然而，晚辈若欲向长辈表达尊敬与感激之情，亦可主动伸手，但需注意言辞的得体与态度的恭敬。如："彭教授，您好！我是一名礼仪培训师，名叫任老师。我曾多次聆听您的讲座，深感获益匪浅。今日有幸相见，不知是否有幸能与您握手，以表我对您的崇敬之情？"

最后，主人与客人之间，主人应主动伸手向客人表示欢迎，以展现主人的热情与好客。而客人准备离开时，则应主动伸手与主人告别，以示对主人的感谢与尊重。例如："任老师，时间已晚，今日交谈甚是愉快。我今晚另有约会，先行告退。感谢您的盛情款待。"

此外，还有一些特殊情况，比如：在集团公司上级单位领导视察下级单位时，下级单位的一把手或相关工作人员可主动伸手，以表达欢迎与敬仰。而下属跟随领导迎接客户时，则应由领导先伸手，下属随后，以示对领导的尊重与跟随。

握手的仪态。握手不仅是一种礼节，更是一种肢体语言，它无声地传递着友好与尊重。正确的握手仪态，能够给对方留下深刻而美好的印象。

首先，目光交流与微笑。握手时，应保持目光交流，直视对方的眼睛，面带微笑。这不仅是友好的表现，更是诚意的传递。同时，适当地使用对方的称呼，并进行简短的问候或寒暄，如"很高兴见到您"，能够进一步增进彼此的亲近感。

其次，握手时，应伸出右手，手掌放松，虎口自然张开。避免使用左手相握，除非特殊情况（如右手受伤）。除女士可佩戴薄纱手套外，一般不建议戴手套或墨镜握手。女士与男士握手时，女士可大方地张开虎口，至于握多少，则取决于男士。若男士握四指，显其内敛有涵养；若握全掌，则显其热情开朗。

最后，握手的力度应适中，既不可过轻，以免给人敷衍之感；也不可过紧，以免让对方感到不适或压力。同时，应避免长时间握手或过分摇晃，以免让对方感到尴尬或不适。

④名片礼。

我们先来看一个案例：

在某次培训活动中，某公司营销部的小李、小赵和小高共同参加。培训地点设在A公司二楼会议室，而该公司的王董事长是一位优雅知性的女士。在课程开始前，王董事长亲自向每位参会者递上她的名片，以示尊重与欢迎。

然而，当王董事长带着亲切的笑容走到小李、小赵和小高桌前时，却遭遇了不同的待遇。小李和小赵当时正沉迷于手机，只是随意地抬头，单手接过名片，随后继续低头玩手机。这一举动，无疑是对王董事长的不尊重与忽视。

坐在桌子最里面的小高目睹了这一切，内心为同事的行为感到羞愧。当王董事长的目光转向他时，他立刻站起身来，用双手接过名片，并微笑着向前倾身，点头致意："谢谢您，王董事长。我是C公司营销部的小高，非常荣幸能认识您。"小高的举动，不仅展现了他的礼仪修养与专业素养，更让在场的人感受到了他的尊重与热情。

小李和小赵目睹小高的举动后，意识到了自己的失礼。他们露出了尴尬的表情，向王董事长微笑点头，试图弥补之前的不当行为。瞬间的醒悟，让他们深刻体会到了名片礼的重要性与必要性。

通过这一案例，我们可以深刻认识到：在商务交往中，名片礼不仅关乎个人形象与礼仪修养，更关乎对对方的尊重与重视。只有当我们真正重视每一个细节，才能赢得他人的尊重与信任，从而在商务舞台上绽放光彩。

在商务交往的广阔舞台上，名片不仅是个人信息的载体，更是展示专业形象与尊重的重要媒介。一个恰到好处的名片交换，能够瞬间拉近彼此的距离，为后续的合作奠定坚实的基础。以下，我们将详细阐述名片礼的基本原则、递送与接收的礼仪，以及名片的存放之道，以期为您的商务礼仪增添一抹亮色。

名片礼的基本原则。在商务交往中，遵循尊者有优先知情权的惯例，是名片礼的基本原则。作为下属或晚辈，在初次见面时，应主动递上名片并进行自我介绍，以示对对方的尊重与重视。这一举动，不仅展现了您的专业素养，更为双方的进一步交流奠定了良好的基础。

递送名片的礼仪。递送名片，是展示个人形象与礼仪修养的关键时刻。您应起立，以双手递送名片，确保名片文字的正面朝向客户，名片的高度尽量齐平胸口的位置。身体略微前倾15°，以温和的表情注视对方，让对方感受到您的真诚与热情。在递送过程中，应避免隔着桌子，而应走到对方面前，以示尊重。同时，递送名片时，可简短地自我介绍，如："您好，这是我的名片，请多多指教。"

接收名片的礼仪。接收名片，同样需要讲究礼仪。当对方递来名片时，您应双手掌心捧接，以示尊重。在接过名片后，应仔细阅读名片上的信息，并复述对方的姓氏、名字加职务，以示对对方的关注与尊重。如："您好，孙主任，您名字的'力'原来是力量的'力'，我一直以为是站立的'立'。很高兴认识您！"这样的寒暄既不过于夸张，又能加深彼此的印象。若双方同时递出名片，应确保自己的名片略低于对方的，如同碰酒杯一般，以示谦逊。

名片的存放之道。名片虽小，却承载着重要的信息。在熟悉名片信息后，应妥善存放，以免遗失或损坏。建议商务人士准备一个专业的名片夹，最好是与公文包的颜色和材质相协调，以便随时取用。当同时接到多张名片时，可轻放在左手边的笔记本上，方便工作时称呼对方。离开时，应小心将名片放入名片夹中，确保名片的安全与整洁。

⑤奉茶篇。

在中国博大精深的文化传统中，奉茶不仅是一项日常的待客之道，更是一种蕴含深厚情感的礼仪艺术。它如同一幅细腻的画卷，缓缓展开，展现出主人对客人的满腔热忱与无尽尊重，同时也彰显了中华民族温文尔雅、谦逊有礼的精神底蕴。在奉茶的每一个细节中，都蕴含着对美的追求与对礼的尊崇。

我们再来看一个案例：

李明，一位满怀热情的行政新人，在一场重要的商务会议当天，他早早来到会议室，精心准备了茶水与点心。然而，在奉茶的过程中，他却犯了一个致命的错误。他首先将茶水递给了公司的总经理，而非远道而来的客人。这一举动，在商务礼仪中被视为对客人的不尊重与忽视。尽管李明是出于好意，但他的失误却给客人留下了不良印象，甚至影响了未来的合作。

这一案例深刻警示我们：在商务礼仪中，细节至关重要。一个小小的失误，可能会带来无法挽回的后果。因此，在工作中，我们不仅要全力以赴，更要注重细节，了解并遵循正确的礼仪规范。只有这样，我们才能在职场中稳步前行，赢得他人的尊重与信任。

①会议室奉茶规范。

在会议室这一正式场合，奉茶更需讲究礼仪与秩序。

- **主次有序**：遵循先客后主、尊者优先的原则，首先为宾客斟茶，以示对客人的尊重与欢迎。在宾客之间，则依据职位高低依次服务，体现对每位客人的重视与关怀。
- **先近后远**：从客人1号、2号位置起始，按照先近后远的顺序依次倒茶，既体现了服务的周到，又避免了遗漏与尴尬。
- **仪态规范**：服务接待人员应站在客户的右后方轻盈倒茶，展现优雅姿态。若客户左手持杯，则需灵活调整位置，以不影响客户为要。

②办公室或小型会客厅奉茶规范。

在办公室或小型会客厅中，奉茶更需体现主人的细心与周到。

当客户踏入领导的办公室或小型会客厅时，应选用专业的茶具，精心准备茶水。在奉茶前，询问客人的饮茶喜好至关重要。绿茶的清新、花茶的芬芳、咖啡的醇厚……每种茶都有其独特的口感与功效，而每个人的口味也各不相同。因此，在奉茶前，不妨轻声询问："周主任您好，我们这里有绿茶、花茶和咖啡，请问您想品尝哪一种？"待客人确认后，再精心沏泡，让客人在品味茶香的同时，也能感受到主人的细心与关怀。在奉茶时，应保持礼貌与谦逊的态度，双手捧杯，将茶轻轻递到客人手中。同时，可简要介绍所奉之茶的特点与功效，让客人对这款茶有更深入的了解与欣赏。

02 | 商务接待礼仪：细节中彰显专业风范

刚刚结束了一天的培训，任老师正忙着整理培训项目的资料。突然，她的手机振动起来，屏幕上显示的是李总的名字。任老师迅速拿起电话，按下接听键，她的声音中带着一丝期待："李总，您好。"

电话那头传来李总沉稳而有力的声音："任老师，下周三，环球礼仪商学院的领导要过来参访，他们对我们在培训创新和员工发展方面的经验很感兴趣。这次由他们的培训总监李娜带队，一共五人。我等一下会建一个微信群，你负责安排一下相应的接待工作。"

任老师立刻回应道："好的，李总。我会立即着手准备。"挂断电话后，任老师迅速在脑海中构思接待工作。随后，她让王子若通知李乐、张路和夏伊明天上午十点开筹备会议。此时，上海滩上的霓虹灯渐渐亮起，将这座城市的每一个角落装点得既繁华又迷人。

确定接待规格 ▶▶

早上十点，大家准时出现在会议室里。任老师先介绍了环球礼仪商学院的背景和参访的目的，接着开始分配任务，确保每个人都清楚自己的职责。

"首先，我们需要确定接待的规格。"任老师说，"通常情况下，如果环球礼仪商学院的高层领导来访，我们要用高规格的接待。但这次来访人员中，最高级别是培训总监，所以我们将采用对等接待的规格。所以，这次由我们五位作为主要接待团队，这样也与来宾的级别相匹配。"

确定了接待规格后，任老师对培训经理王子若说："子若，你负责整个接待流程的协调和执行，由张路来协助你。所以，今天内，我们需要准备一套详细的流程安排，主要包括以下几个重要的环节：首先，安排专人负责引导来宾参观公司的各个重要部门和设施，展示公司的文化和实力；然后，在会议室举行简短而庄重的欢迎仪式；再组织培训交流，我们分享的内容既要有深度又有广度，能够充分展示我们的专业能力和创新思维，也要考虑到来宾的兴趣和需求；也可以组织来宾参观附近的历史地标；最后，预订一间安静、优雅的特色餐厅。"

接着，任老师转向培训主管："李乐负责接待工作，由培训助理夏伊协助。我们要确认接机、接站，以及会议室、用餐等细节安排，最好再次确认好对方的人数、职务、对接人，以及客户的习惯与禁忌。住宿他们自己安排。请与行政部门密切合作，确保一切顺利。"

为了确保接待工作的顺利进行，任老师特别提出了以下几点要求：

一是，专人专岗。根据接待要求，明确每个岗位的职责和任务，确保每个环节都有专人负责。比如，与负责接机、接站的司机确认时间，确保来宾的交通安排顺畅；引领员和讲解员负责引导来宾，并且提供必要的信息和帮助，特别是在电梯、楼梯和走廊这些地方；还有会议室的布置、设备调试和会议期间的服务工作等。

二是，流程化管理。将接待细节流程化，通过班前会进行通报，明确每个人的责任，确保每个人都清楚自己的任务。

三是，问题上报机制。对于超出职权范围的接待问题，要求及时向上级请示汇报，避免延误和失误。

最后，任老师总结了要点，并鼓励团队成员积极沟通和协作："这是一个团队项目，我们每个人的努力都是成功的关键。请大家保持沟通，及时反馈进展和问题，我们一起努力，确保这次接待工作的圆满完成。"团队成员们点点头，带着明确的目标和任务离开了会议室，准备迎接下周三的参访接待工作。

会议室准备 ▶▶

会议室的准备工作对于整个接待流程的成功至关重要。凭借多年的培训经验，李乐带着夏伊迅速投入到了紧张而有序的准备工作中，他说："设备的检查比较容易发生遗漏，我们可以从五觉的角度进行设备检查。"

在李乐的指导下，夏伊跟随着他，开始了一项项细致的检查，确保每一个细节都达到完美：

- 视觉：首先确保屏幕、投影仪清晰无瑕，窗户的遮光和透光符合会议需求，灯光的亮度和色温都调整到最佳状态，以营造一个专业而舒适的视觉环境。
- 听觉：确保背景音乐声音柔和且清晰；测试话筒和音响设备，保证声音传输无障碍，音质纯净，让每一位与会者都能清晰听到发言。
- 嗅觉：考虑到室内环境的舒适度，他们准备了适当的室内香薰，既能提升空气质量，又能为来宾营造一个愉悦的嗅觉体验。他们提前了解到，来宾没有对香味敏感。
- 触觉：确保会议室的桌椅，稳固且舒适；调整室内温度，保证室温适宜；检查地板和台阶，确保没有安全隐患，为来宾提供安全的行走环境。

> • 味觉：精心挑选了饮品、点心、水果和餐食，不仅考虑到了营养和口味的多样性，还顾及到了可能的饮食限制和偏好，确保每位来宾都能享受到美味的食物。

在确认会议室的设备和环境一切正常之后，李乐和夏伊开始了会议桌上的物品准备工作。

（1）会务饮品与茶歇准备

为了提供更加周到的服务，除了白开水、绿茶和纯净水以外，他们还准备了茶、咖啡、果汁、气泡水，以及点心和水果，确保与会者在茶歇时有更多的选择，同时也体现了公司的热情和细致。

（2）会议桌面用具摆放

他们按照标准配置准备了席卡、资料夹、笔、商务茶杯和矿泉水。为了提升会议的档次，他们还增加了玻璃杯、湿巾等物品，让与会者感受到更加贴心的服务。

（3）桌面物品摆放

桌面所有物品，按照"距离均等"和"横平竖直"的原则来摆放。比如，杯子的手柄横直摆放或以45度倾斜；笔头朝上，公司logo正面朝向客户；资料夹和文件整齐地放置在每个座位前，距离桌边2厘米，保持一致性，无论是从哪个角度看，桌面都显得井然有序。

随着最后一份资料被整齐地放入资料夹，李乐退后一步，审视着这间他们精心准备的会议室。每一张桌子、每一把椅子都被摆放得井然有序，每一件物品都恰到好处地处于其应有的位置。他注意到了每一个细节，确保没有任何遗漏。夏伊则检查了电子设备，确认了屏幕和投影仪的连接无误，音响系统也调整到了最佳状态。在确认了所有准备工作都已完成后，两人相视一笑，满意的笑容在他们的脸上绽放。

接待过程 ▶▶

　　阳光透过高耸的玻璃幕墙洒在光滑的大理石地面上，折射出淡淡的光晕。环球礼仪商学院的培训总监李娜身着得体的职业装，与培训经理黄芝等四位同事一起前往宏茂集团。宏茂集团的李乐和夏伊早已在一楼大厅做好了迎接的准备。

　　李娜一行人刚下车，李乐和夏伊便迎上前去，面带微笑地询问道："您好，请问是环球礼仪商学院的李总吗？"

　　李娜微笑着说："是的，我是李娜。你们好呀，辛苦了。"李乐伸出右手，回应道："李总，您好。欢迎来到宏茂集团，我是李乐，这位是我的同事夏伊，我们负责今天的接待工作。"他的声音温和而有礼。

　　夏伊也赶紧迎上去伸出右手："李总您好，各位好，欢迎来到宏茂集团。这边请。"分别和大家握手后，她优雅地转身，走在李总左前方1.5米左右，伸出左手，五指并拢，掌心倾斜朝向来宾，引领来宾前往电梯。李乐陪同来宾紧随其后。当他们接近楼梯时，夏伊轻声提醒："各位，请小心台阶。"

　　在电梯门前，夏伊按下了上行按钮，然后礼貌地说："各位请。"等所有人都进入电梯后，夏伊自然地站到了电梯操控板的位置，侧身面向客户。电梯缓缓上升，李乐和夏伊和来宾寒暄了起来。

　　到达指定楼层后，电梯门缓缓打开，夏伊按住电梯开门按钮，微笑着说："各位，我们已经到了，请小心脚下。"她的手势指向电梯外，为来宾指引方向。

　　任老师和培训部的几位同事已经站在公司门口等候。她身穿一件简洁大方的职业装，面带亲切的笑容。走出电梯后，李乐向李娜介绍说："李总，这位是我们宏茂集团的培训总监任老师。"然后转后任老师说，"任老师，这位是环球礼仪商学院的李娜李总。"

任老师伸出手热情地看向李娜："欢迎欢迎，路上辛苦了。"

随后，任老师与来宾一一握手。握手后，她邀请大家进入公司内部。一行人穿过繁忙而有序的办公区，任老师不时停下脚步，为来宾介绍各部门的职能。

来到公司展示区时，任老师介绍说："这些是我们历年来获得的荣誉证书和奖杯。"她逐一指向展示柜中的每一件展品，讲述它们背后的故事和意义。灯光柔和地照在每一件展品上，映照出一道道光芒。

参观结束后，任老师引领他们进入会议室，开始正式的交流。

知识链接

（1）走廊引领

在礼仪的殿堂中，走廊引领不仅是一项简单的指引动作，更是对尊贵与关怀的细腻诠释。它如同一曲优雅的旋律，在细微之处流淌，展现出服务者的专业素养与对宾客的深切尊重。

①走廊引领的基本原则。

原则上，我们应让尊者走在我们右手边，这是对传统礼仪的一种传承与尊重。然而，在实际操作中，我们需根据服务对象的不同，灵活调整引领方式，以达到更加精准、周到的服务效果。

②不同情境下的走廊引领规范。

上下级关系：当下属引领领导时，应跟随在领导左后方，即领导位于右前方。这是因为内部领导通常对环境较为熟悉，无需过多引导。此时，下属的角色更多是辅助与跟随，确保领导行走的安全与顺畅。除非领导有特别指示，如"请快步前往前面打开会议室的空调"，下属才需根据指示行动。

领导陪同来宾：在领导陪同来宾的场合中，领导的身份不仅是服务者，更是合作者。因此，领导应走在来宾的左侧，与来宾并肩同行，共同进行寒暄、讲解与引领。这样的安排既体现了对来宾的尊重，也便于双方进行深入的交流与沟通。

纯服务接待：在纯服务接待的情境中，原则上应让客户走在服务接待人员的右手边。然而，实际操作中需以方便与安全为首要考虑。哪边方便就让客户走在哪边，以确保客户的舒适与便捷。同时，在引领客户前进时，服务接待人员应与客户保持适当的距离，约1.5米左右，即两三步之遥。这样既不会显得过于疏远，也不会因距离过近而让客户感到不适。在关键的节点，如上楼、转弯、进门时，服务接待人员应以手部进行指引，确保客户能够顺利前行。

（2）楼梯引领服务规范

在礼仪的细腻画卷中，楼梯引领不仅是一项技术，更是一门融合了尊重、关怀与安全考量的艺术。它要求我们在每一个细微之处，都展现出对宾客的深切关注与周到服务。

①楼梯引领的基本原则。

低于客人，彰显尊重：在上下楼梯的过程中，引领者应始终确保自己的位置不高于客人，尤其是当引领者为着裙装的女性时，这一原则尤为重要。走在客人高处，不仅可能让双方感到尴尬，更是对客人不尊重的体现。建议保持2~3个台阶的微妙距离，既能起到保护作用，又能避免将背部朝向客人的不礼貌行为，让宾客感受到被尊重与呵护的温暖。

实时提醒，确保安全：在楼梯引领的关键时刻，引领者应主动用语言给予客人温馨的提醒，如"请您留意脚下""我们上楼梯后将左转"等。这些简单的言语，如同温暖的阳光，照亮宾客前行的道路，确保他们的每一步都稳健而安心。

安全至上，细致入微：安全是楼梯引领的首要原则。引领者应始终让客人走在相对安全的位置，如遇到旋转楼梯时，应让客人走在较宽敞、易于行走的一侧。若地板正在进行清洁或打蜡，应尽量避免让客人行走于此；若无法避开，则需提醒客人扶好扶手，并以诚挚的歉意解释原因，让宾客在细节中感受到服务的周到与贴心。

②特殊情况处理建议。

引领多位客户上楼时：在引领多位客户上楼时，引领者无需站在所有客户的后方，只需确保自己的位置不与核心客户齐平或高于他们即可。这样既能保持引领的秩序与效率，又能确保每位客户都能感受到被尊重与重视。

带领青少年学生团队参观企业时：当引领青少年学生团队参观企业时，引领者可以选择站在稍高的位置，以便更好地观察全局、提醒和引导团队。一句"请大家跟随我"或"各位同学，请跟我来"，如同领航的灯塔，引领着学生们安全、有序地前行。

领导带领员工参观公司新设施时：在领导带领员工参观公司新设施的情境中，领导的身份并未转变为服务人员或下属，而是作为引领者与讲解者。因此，领导应站在高处，以更广阔的视野和更清晰的视角，为员工们介绍新设施的特点与意义。这样的安排不仅体现了领导的权威与专业素养，也确保了参观过程的顺畅与高效。

楼梯引领服务规范，是礼仪之河中流淌的涓涓细流，它汇聚了尊重、关怀与安全的多重考量。在每一次引领中，我们都应秉持这些原则与规范，让宾客在每一次上下楼梯的瞬间，都能感受到被尊重、被关怀的温暖与力量。

（3）轿厢式电梯引领服务规范

在礼仪的殿堂中，厢式电梯引领不仅是一项日常的服务行为，更是展现专业素养与尊贵礼遇的细腻艺术。它要求我们在每一个细节中，都融入对宾客的深切尊重与周到关怀，让每一次电梯之旅都成为一次愉悦的礼仪体验。

①尊者优先，礼仪之始。

在厢式电梯的引领服务中，尊者优先的原则是礼仪的基石。无论是来宾还是领导，都应享有先进先出的尊贵礼遇。引领人员或下属应主动按住电梯按钮，以谦逊的姿态邀请尊者先行，同时伴随温馨的服务话语，如"李总，您先请"，让宾客在踏入电梯的那一刻，便能感受到被尊重与重视的温暖。

当遇到需要刷脸、刷卡或刷指纹的电梯时，引领人员更应展现出细致与周到。此时，引领人员应先行进入电梯，同时以礼貌的用语向尊者说明，如"刘总您稍等，我先进去帮您刷个电梯"，既确保了电梯的顺利开启，又体现了对尊者的贴心服务。

②内侧为上，尊享舒适。

进入电梯轿厢后，引领人员应巧妙地运用空间布局，为尊者营造更加舒适与安全的乘坐环境。一般情况下，应邀请客人或领导站在电梯中央靠后的位置。这样的安排既能减少进出人员可能对尊者造成的打扰，又能在电梯满员时避免尊者频繁礼让的尴尬，让尊者能够从容地享受电梯之旅。

同时，这一位置还能让尊者清晰地观察到轿厢内的所有人员，增加其心理舒适度和安全感。作为引领人员，特别是前台接待人员，在引领时应站在电梯操控板的位置，避免将背部朝向客人，而是尽量侧身面向客户，以展现专业的服务姿态和亲切的交流氛围。

③细节之处，见真章。

在厢式电梯引领服务中，每一个细节都关乎礼仪的成败。引领人员应时刻保持敏锐的洞察力，关注尊者的需求与感受，从按电梯按钮的力度到站立位置的选择，从服务话语的温馨到面部表情的亲切，都需精心雕琢，以展现礼仪之美的真谛。

通过遵循厢式电梯引领服务的规范，我们不仅能够为宾客提供一次愉悦的乘坐体验，更能在细微之处彰显出我们的专业素养与尊贵礼遇，让礼仪之花在每一次电梯之旅中绚丽绽放。

03 | 位次安排礼仪：尊重为先的精髓体现

在这次接待任务中，李乐和夏伊面临着一个复杂而细致的挑战——多个场景的位次安排。他们深知位次安排的重要性，这不仅关系到来宾的舒适度和尊重度，也是公司专业形象的体现。为了确保每个环节都能遵守礼仪，他们提前寻求任老师的帮助。

会议室位次 ▶▶

李乐和夏伊打开笔记本，随时准备记录。"任老师，在会议室里的交流环节，我们怎么布置位次比较合适呢？我了解了一下，一般会有相对式、并列式和主席式三种位次，但我们有些拿不定主意。"李乐迫不及待地问。

任老师笑笑说："不错，看来你们提前做了功课。相对式会议室位次适合公务性的会客，它能让主客双方直接面对面交流，同时保持一定的距离感，显得正式而专业。一般来讲，客人面门而坐，主人背对门坐。不过，也要根据实际情况灵活调整，比如如果客人那边视野更好，不妨主动提出调换，这样能更好地体现我们的诚意和尊重（如图 4-1 所示）。"

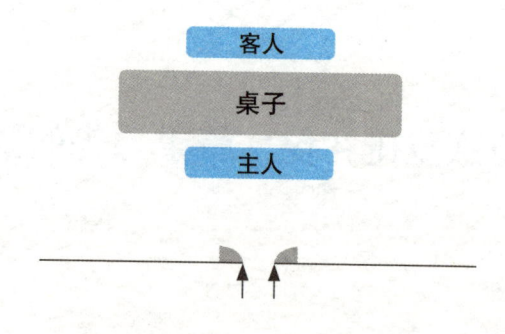

图 4-1　相对式会议室位次示意图

说到这里，任老师停顿了一下，在白板上画出了示意图，解释道："至于并列式会客厅，它更侧重于营造一种轻松和谐的氛围，主客双方并排面门而坐，客人位于主人的右侧，这是国际礼仪中的尊贵位置。双方的其他随员分别在主人、客人一侧，按照身份高到低依次落座。这样的安排有助于拉近双方的距离，促进更深入的交流（如图 4-2 所示）。"

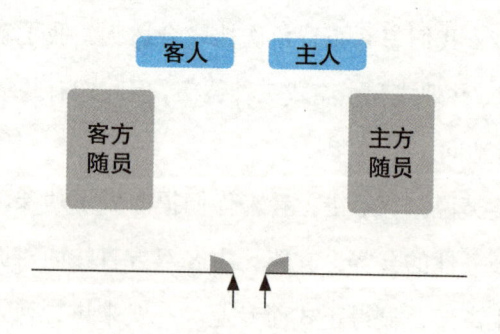

图 4-2　并列式会客厅位次示意图

"主席式会议室多用于一方同时会见多方客人的情况。"任老师解释道，"在这种布局下，主人通常面对正门而坐，客人则分布在桌子两侧或背对正门。这样的安排可以避免任何一方过于突出，从而保持会议的平衡与和谐，防止引起不必要的尴尬（如图 4-3

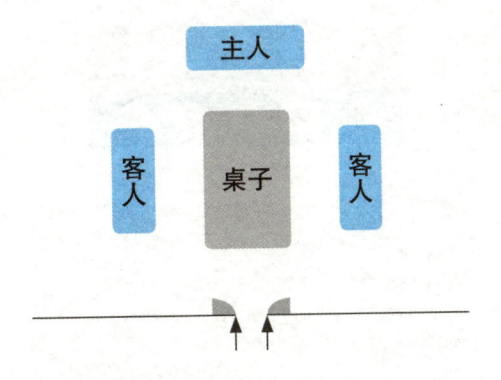

图 4-3 主席式会议室位次示意图

所示）。"

"原来如此，听您这么一说，我们应该用并列式会客厅位次吧，因为我们这次和环球公司以交流为主。"夏伊恍然大悟，脸上露出了满意的笑容。

任老师点头回应道："不错，的确是这样。会议室的位次，其实会更复杂一些，按照国际惯例一般要遵循三个原则。一是前排为尊，即第一排落座的是嘉宾和领导；二是居中为上，即在第一排的位置中，越靠中间的越尊贵；第三个原则，以右为尊，即一号尊位的右手边为二号尊位，三号尊位在一号尊位的左手边，第二排也是按照此标准安排。"为了让李乐和夏伊更好地理解，任老师还以前排人数为奇数时的情况为例，在白板上画出示意图，用数字来标注了尊位的次序（如图 4-4 所示）。

见李乐和夏伊听得认真，任老师便继续边画边说："这是国际惯例前排人数为奇数的情况，在我国，还有一种位次排列的原则是以左为尊，也被称为中国惯例。中国自古讲究尚左尊东，也就是以左为尊，随着中国与世界交往越来越多，在商务及国际场合涉及位次排列，都遵循以右为尊的原则，但是在中国民间待客和官方内部会议时，如果前排就座人数为奇数，还是会按照以左为尊的原则

```
 9  7  6  8 10
 4  2  1  3  5
```

观众席

图 4-4 国际惯例主席台奇数位次示意图

排列位次。比如我们可以在新闻里看到中国官方内部会议按照左为尊的惯例安排位次的情况，就像我画的这样（如图 4-5 所示）。"

```
10  8  6  7  9
 5  3  1  2  4
```

观众席

图 4-5 中国惯例主席台奇数位次示意图

"原来如此，如果人数为偶数的时候也是按照这三个原则排列位次吗？"夏伊疑惑地看向任老师。

任老师笑着回应道:"这是个好问题!偶数的情况也是按照这三个原则,但是需要注意的是居中为上的原则,这里的居中是指把第一尊位和第二尊位视为一个整体,同时放在中间的位置,这时就要先确定最重要的第一尊位和第二尊位的位置。按照以右为尊的原则,以当事人面对门的方向,第一尊位在第二尊位的右手边,那么第三尊位则在第一尊位右手边,后续位次按照顺序交替排序即可(如图4-6所示)。"

```
11  9  7  8  10  12
 5  3  1  2   4   6
```

观众席

图4-6 国际惯例主席台偶数位次示意图

上图中偶数位次安排,适用于国际、国内的大多数情况。李乐和夏伊同时倒吸了一口气,相视而笑。李乐说:"幸好任老师给我们讲清楚了,不然就要闹笑话了。"李乐继续说,"我已经借好照相机了,到时候安排合影的环节。在站位上,我们也要注意吧?"

"是的,双方合影,同样要遵循前排为尊、居中为上和以右为尊的原则,第一排是甲乙双方的领导,越靠中间的越尊贵。但是双方合影就没有那么复杂,以右为尊,是指面对摄影师的方向,乙方站在右边,甲方站在左边,然后按尊位顺序往后排(如图4-7

```
甲6 甲5 甲4 乙4 乙5 乙6
甲3 甲2 甲1 乙1 乙2 乙3
```

摄影师

图 4-7　甲乙双方合影位次示意图

所示）。"

双边谈判会议桌位次 ▶▶

李乐和夏伊认真地记录着每一个细节，生怕遗漏了任何一个关键信息。

任老师继续说道："好，既然我们已经掌握了会议室位次的安排，那么不妨一起探讨一下双边谈判会议桌和签约仪式的位次规则。虽然这次接待任务可能用不上，但了解这些知识对你们未来的职业发展也会有帮助的。"任老师指着白板上的示意图，耐心地解释道："在进行双边谈判会议的位次安排时，我们通常会考虑几个原则：面门为上、居中为上、以右为尊、观景为尊和方便为上（如图4-8所示）。"

任老师接着讲解奇数位次的安排："在谈判桌上也要注意定好居中位置。和前面一样，如果座位数量参会人数为奇数时，官方内部会议按照中国的惯例尊崇'左膀右臂'的原则，即尊位的左手边大于右手边。如果参会人员数为偶数时，在确认居中位置排序时，

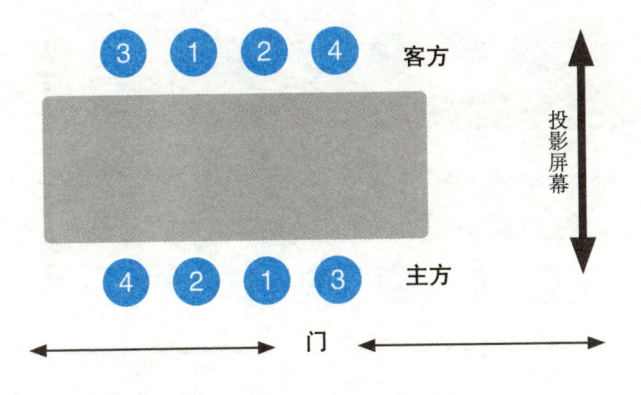

图 4-8　双边谈判会议桌偶数位次示意图

统一按照以右为尊的原则,确定最重要的第一尊位和第二尊位,第一尊位在第二尊位的右手边,第三尊位在第一尊位右手边(如图 4-9 所示)。"

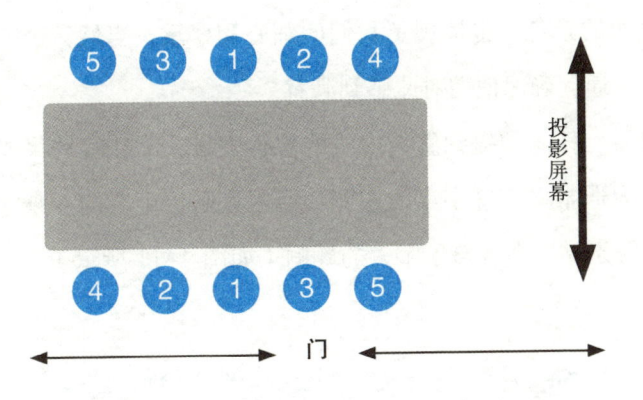

图 4-9　双边谈判会议桌奇数位次示意图(中国传统)

李乐点头表示理解,然后接着补充说:"如果是在国际交往中,还是按照以右为尊的原则,也就是尊位的右手边大于左手边,是吧?"

任老师点头称赞,同时在白板上标出了国际惯例的奇数位次示意图(如图 4-10 所示)。

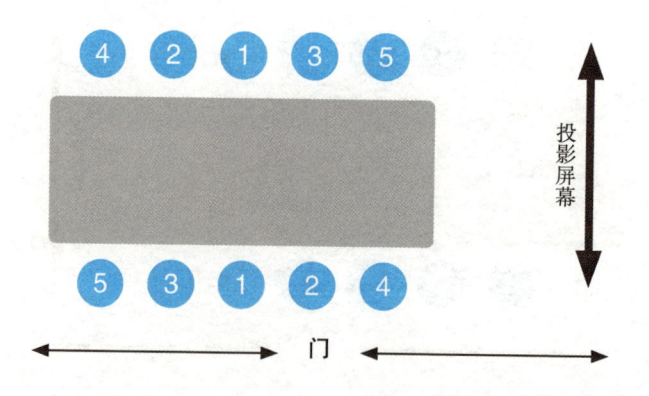

图 4-10　双边谈判会议桌奇数位次示意图（国际惯例）

"任老师提到'观景为尊'，意思是，如果门对面是窗户，并且窗外景色非常好，可以让客户面窗而坐，就不一定是面门而坐，对吗？"夏伊问道。

任老师赞许地看着她，回答说："没错，这样不仅能让客户享受到美丽的景色，也体现了我们的细心和尊重。当然，这需要提前与客户沟通，确保他们对此感到满意。"

最后，任老师提到签约仪式的位次安排："在签约仪式上，乙方签字人通常坐在签字桌的左侧，而甲方则位于右侧。双方的助签人员则分别站立在各自签字人的外侧（如图 4-11 所示）。"

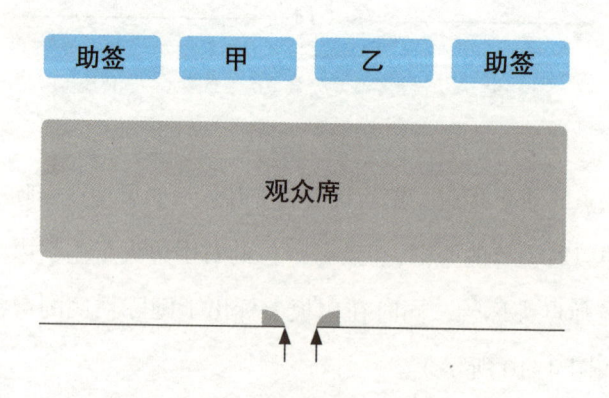

图 4-11　签约仪式位次示意图

乘车位次 ▶▶

任老师的目光停在李乐身上,温和地问道:"关于乘车的位次,李乐应该了解吧,要不你来讲讲?"于是,她将手中的白板笔轻轻递给李乐,眼神中充满了期待。

李乐自信地站了起来,接过白板笔,笑着说:"我可以试试,如果有讲得不对的地方,还请任老师纠正。乘车位次一般分小轿车和商务车。我们先来看小轿车的乘车位次。"

他转身在白板上画了一辆小轿车,然后接着说,"小轿车的乘车位次也分两种情况。一种是有专职驾驶员开车的,另一种是由领导开车的。如果是专职驾驶员开车,第一尊位在副驾后方,第二尊位在驾驶员后方,这是突出了以右为尊,并且方便一号尊位的领导上下车。当然也有例外,比如是长途旅行或者长途高速路段,考虑到相对安全和私密性,一号尊位会调整到驾驶员的后方。如果有二号领导,那么两位领导身份是匹配的,则都坐在后方,方便交流;如果二号领导的身份跟一号领导的身份相差甚远的话,二号领导可能坐到副驾驶,把后面比较大的空间留给一号领导。"

等李乐停顿时,夏伊提出了一个问题:"如果只有专职驾驶员和董事长,董事长一般坐哪里呢?"

李乐笑笑说:"这种情况,董事长一般坐在副驾驶后方,一是可以保持车辆平衡,二是方便交流。"

"难怪电视上看到,董事长都是坐在副驾驶后方。明白了。"夏伊回应说。

李乐也笑了起来:"哈哈,看来你很善于观察呀。如果是领导开车,第一尊位就是副驾驶位,第二尊位在副驾驶的后方,这样方便交流。虽然要考虑驾驶过程中的安全问题,但是,如果都坐后面,董事长就成了司机了,这样显得很不礼貌(如图4-12所示)。"

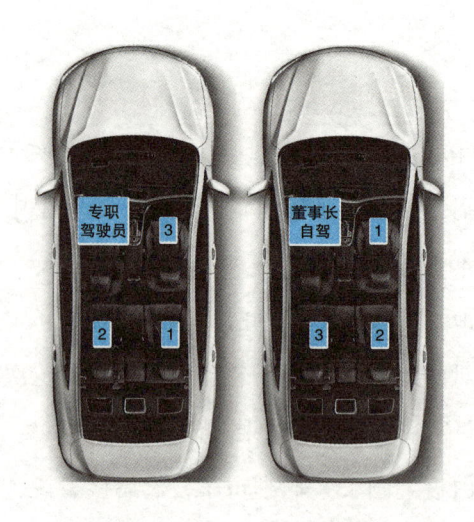

图 4-12 小轿车乘车位次示意图

"商务车判断的逻辑跟小轿车几乎相同。商务车一般都是有专门的驾驶员开车。第一、二号尊位是驾驶的后方和副驾驶的后方，其他随行人员依次靠后或靠前落座，上车的顺序一般情况下是客户先上车，服务人员先下车。当然，乘车座次不应该拘泥于形式，还要考虑多方面的因素，比如是谁的车、谁开车、都有谁、要开多远、有没有特殊情况等，所以还是要灵活应对，而不是只有一种答案。任老师，您看我讲的这些有没有需要纠正或者特别注意的吗？"李乐讲完，看向任老师（如图 4-13 所示）。

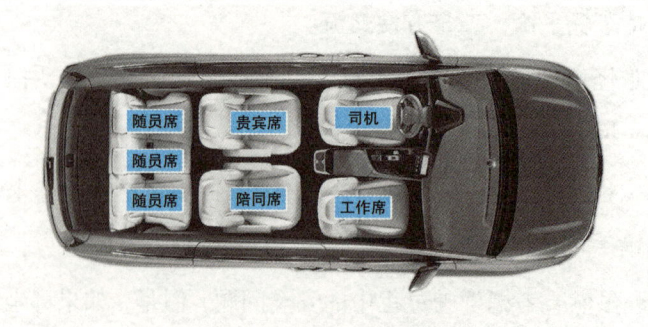

图 4-13 商务车乘车位次示意图

在企业对客户接待的乘车位次安排中，上图商务车最后一排随员一般先上车。但有些时候，为了不打扰贵宾，可以安排贵宾先上车，然后依次是随员上车、我方陪同领导上车，工作席最后上车。另外，大部分情况下，贵宾坐在副驾驶后方位置也属于多见，其原因是方便上下车，减少挪动。

任老师轻轻地鼓掌，称赞道："讲得很好。的确是这样的，礼仪是有从俗性、从规性的，会随着环境、规矩、人物的不同而变化，需要根据当地的风俗灵活应对。比如餐桌礼仪，常规来说主人位的右侧才是贵宾一号位，但很多地方把主人位让给了贵宾坐，这就是从俗性。有的时候也会根据单位的制度来定礼仪的规范性。"

在任老师的指导下，李乐和夏伊对位次安排有了更加深入的理解。他们结合实际情况进行了详细的规划，制订了一份详尽的位次安排表，确保每位来宾在每个环节都能感受到尊重和关怀。准备工作完成后，李乐和夏伊对即将到来的接待任务充满了信心。

知识链接

在中国博大精深的礼仪文化中，座次礼仪占据着举足轻重的地位。它不仅是对身份、地位的尊重，更是对秩序、和谐的追求。其中，"尚左尊东"作为中国传统座次礼仪的核心原则，承载着深厚的历史文化底蕴。

（1）尚左之源

"尚左"一词，其根源在于古人对东方的崇敬与向往。在古代中国，建筑多坐北朝南，以顺应自然，采光取暖。在这样的布局中，堂屋作为宅院的中心，坐北朝南，其左侧自然便是东方。因此，"尚左"实则是对东方的尊崇，寓意着迎接旭日东升，迎接希望与光明。

从汉服的设计中，我们也能窥见"尚左"的影子。汉服的交领设计，左襟压右襟。不仅体现了古人的审美情趣，更暗含了"尚左"的礼仪观念。这种设计，不仅让穿着者显得端庄大方，更在无形中传递了对东方的敬仰与尊重。

（2）尊东之礼

在实际运用中，"尚左尊东"的原则被广泛应用于各种场合的座次安排。无论是正式会议，还是企业内部的聚会，甚至是同学之间的欢聚，只要是中国同胞的聚会，座次礼仪都遵循着这一原则。

座次安排的首要原则是"居中为主"。在会场主席台中，最尊贵的位置通常是位于中央的主位。接下来，按照中央位置一号领导的方位判断"左膀右臂"的顺序依次排列。1号领导坐在主位，其左侧为次尊之位，右侧为再次之位。以此类推，形成左右对称、层次分明的座次格局。

这种座次安排不仅体现了对领导者的尊重，也彰显了团队内部的和谐与秩序。它让每一位参与者都能清晰地找到自己的位置，感受到自己在团队中的价值与地位。

（3）礼仪之韵

"尚左尊东"的座次礼仪，是中华传统文化的重要组成部分。它承载着古人对自然的敬畏、对秩序的追求以及对和谐的向往。在现代社会，这一礼仪原则虽然被赋予了新的时代内涵，但其核心价值依然熠熠生辉。

我们应当在传承中创新，在尊重传统的基础上，结合现代社会的实际需求，不断完善和发展座次礼仪。让这一古老而庄重的礼仪文化，在新的时代背景下焕发出更加绚丽的光彩，成为连接过去与未来、沟通心灵与情感的桥梁。

最后，我们再来看一个案例：

某知名管理类杂志社即将隆重举办一场全国性的企业家交流会，选定在杂志社的会员单位——A企业举办。鉴于杂志社与A企业分处两地，为确保交流会的圆满成功，杂志社派遣了经验丰富的交流会总策划于老师，前往A企业进行实地考察与前期筹备工作。

接机的是A企业总经理助理李总，一位近五十岁的女士，是公司的资深管理者，同行有专职司机和李总的一位随从人员。于老师是四十岁左右的职业精英，两人之前在多次的会议中有过接触，所以并不陌生。

在机场的简短寒暄后，李总热情地邀请于老师上车，说："于老师您坐副驾驶吧。"话一出口，瞬间让现场气氛微妙起来。于老师则出于礼貌与尊重，没有直接表达异议，依言坐到了副驾驶位置，而李总则选择了驾驶员后方的座位，随从人员则自然而然地坐在了于总的后方。

为了避免气氛沉闷，李总不间断地寻找话题。于老师出于对李总的尊重，不时地回头与其交流。这一路上，于老师的心里恐怕也会跟一次次扭头一样别扭吧。

改善建议：正确的座位安排应是这样的：在有专职司机的情况下，副驾驶座位通常留给随员或助手，他们负责协调与辅助工作；而后排右侧座位则是最尊贵的位置，应优先让给尊贵的客人。因此，在此情境下，李总应坐在后排左侧，以体现其作为主人的谦逊与周到；于老师作为尊贵的客人，则应坐在后排右侧，享受应有的礼遇；李总的随员则自然应坐在副驾驶位置。

这样的安排，不仅符合商务礼仪的规范，更能彰显出企业的专业与细致。它传递出的是一种对客人的尊重与关怀，也是对企业自身形象的精心塑造。在商务活动中，每一个细节都可能成为决定成败的关键，而礼仪则是这些细节中最闪耀的光芒。

04 ｜ 中式宴请礼仪：传承文化底蕴的艺术

午后的阳光渐渐淡去，时钟悄然指向了五点，会议室里弥漫着意犹未尽的热烈氛围。任老师微笑着站起身，声音清脆而温暖："今天的交流真是超乎想象的精彩，相信大家都收获不少，我们也在交流中有了很多启发。期待下一次有机会去拜访环球礼仪商学院，多交流，多学习。今天晚上，我们预订了一家本帮菜馆，邀请大家一起共进晚餐。"

随着一行人缓缓步入餐厅，迎面而来的是食物诱人的气息。服务员身着整齐的工作服，面带微笑，引领着大家步入一间精心布置的包间。包间内，灯光柔和，一张大圆桌上摆放着精致的餐具，墙上挂着几幅描绘上海老弄堂风情的水墨画，添加了几分文化韵味。

任老师优雅地走到主位左侧，看向李娜，指着主宾位邀请她入座，然后邀请培训经理黄芝坐在她的左手边。王子若坐在任老师的正对面，其他人也依次落座。

任老师手持菜单，轻轻放在李娜面前，邀请道："李娜，今天你是贵客，看看想吃什么吧。"李娜连忙轻轻摆手说："哎呀，上海菜我可是个门外汉，还是你们来吧。"

"那子若和李乐，你们去点菜吧。"任老师看向子若。子若和李乐快速站了起来，往外走。

李乐说："王经理，在收集信息的时候，特别注意到有一位是素食主义者，还有一位是不吃内脏的。"正在翻阅菜单的子若抬起头，表示赞同："好的，那我们可以增加几道素菜，比如上海素鸭和油焖笋。至于内脏，我们就不要点了。他们是南方人，我们可以再加一个汤。"两人迅速敲定了菜单，回到包间，听见任老师在介绍本帮菜。

"来上海，一定要品尝一下本帮菜。本帮菜是上海菜的别称，最大的特点是：浓油赤酱，常用的烹调方法以红烧、煨、糖为主。但也有和粤菜相似的，比如，白斩鸡。"任老师介绍道。虽然她不是上海本地人，但是，在上海工作的时间久了，也越来越熟悉。

不久，服务员先端上来一盘白斩鸡，任老师说："来来，大家试一下，看看和广东的白斩鸡有什么不一样。"她先用公筷夹起一块鸡肉，放到李娜的碗里，然后邀请大家一起动筷。

待上了几个菜以后，任老师手持酒杯说："我先提一杯，欢迎大家来到上海，来到宏茂，今天的交流非常愉快。"所有人共同举杯，气氛融洽而热烈。

服务员端上了一道色香味俱佳的红烧肉，她微笑着介绍："这是我们餐厅的招牌菜，采用传统工艺精心烹制，希望各位喜欢。"大家纷纷点头称赞。

随着热菜、汤品、点心和主食依次上桌，晚宴也接近尾声，李乐借意上洗手间，先去前台结账。

在晚宴的最后，李娜站起身，向任老师表达了感谢："任老师，这次的交流收获非常多，感谢您和您的团队的盛情款待。希望大家以后有机会到广州来，让我们尽地主之谊，带你们品尝一下家乡的美味。"

任老师微笑着回应："李总太客气了，一定有机会。"

随着晚宴的圆满结束，宾客们纷纷起身，相互道别。

知识链接

在社交的广阔舞台上，邀约与赴约是连接人心的桥梁，是展现个人风范与礼仪修养的重要时刻。为了确保每一次相聚都能成为美好的回忆，我们需精心筹备，细致入微。

（1）邀约的"5W"原则

Why（为何邀约）：明确宴请的目的，是商务洽谈、朋友聚会还是家庭庆典？目的不同，用餐的档次与规格自然各异。重要的场合，需配以高规格的宴请，以示尊重与重视。

Who（邀请何人）：精心挑选邀请名单，根据客户的重要性、关系亲密度及需求，合理安排座次。必要时，准备席位卡，让宾客轻松找到自己的座位，避免尴尬与混乱。同时，了解宾客的随行人员情况，特别是老人、小孩、孕妇和病人的特殊需求，以便妥善安排。

When（何时相聚）：选择双方都方便的日期与时间，尽量避免宾客繁忙或休假时段，让相聚更加轻松愉快。提前确定开餐时间，让宾客有所准备，展现您的细心与周到。

Where（何地相聚）：优选宾客熟悉或交通便利的地点，具体到详细地址，便于宾客寻找。同时，考虑交通安排，如提供车辆接送服务，确保宾客的安全与舒适，让相聚之路更加顺畅。

What（共享何物）：提前了解宾客的饮食习惯与偏好，特别是特殊饮食需求，如素食、清真等。精心挑选菜单，投其所好，让宾客在品尝美食的同时，感受到您的用心与关怀。

（2）邀约的"3H"原则

How（如何宴请）：选择符合宴请目的的餐厅风格，如商务宴请宜选正式餐厅，朋友聚会则可选轻松愉悦的咖啡厅或酒吧。同时，关注餐厅的服务质量，确保宾客享受愉悦的用餐体验，让相聚时光更加难忘。

How Much（预算多少）：在预设的预算范围内，力求达到最佳的宴请效果。合理分配资金于菜品、酒水、服务及后续安排等各个方面，确保性价比最优，让每一分钱都花在刀刃上。

How Many（细节周全）：除了关注菜品与酒水的丰富多样外，还需确保车辆接送、服务人员配置、场地布置等各个环节的周全考虑。每一个细节都关乎宾客的舒适与愉悦，也是您礼仪修养的体现。

邀约与赴约，是社交礼仪中的重要一环。遵循"5W3H"原则，让每一次相聚都成为一次尊荣之旅，展现您的风采与礼仪之韵。

（3）邀约的方式

邀约是连接人心的第一步，也是展现个人礼仪修养与诚意的重要环节。不同的场合，不同的对象，需要采用不同的邀约方式，以体现对受邀者的尊重与关怀。

①邀请函邀请。

邀请函，作为正式且富有仪式感的邀请方式，常用于重要场合，如婚礼、庆典或高端商务活动。它不仅能够准确传达邀请信息，更能够体现出对受邀者的尊重与重视。一封精美的邀请函，如同一张精致的名片，让人在收到邀请的瞬间，就能感受到主人的用心与诚意。在撰写邀请函时，应注重语言的规范与礼貌，确保信息的准确无误，让受邀者在阅读中感受到您的热情与期待。

②电话或邮件邀请。

电话或邮件邀请，既保持了相对正式性，又便于即时沟通与确认，为双方提供了灵活的交流空间。电话邀请能够直接传达声音与情感，让受邀者感受到您的亲切与热情；而邮件邀请则能够留下书面的记录，便于受邀者随时查阅与确认。在选择电话或邮件邀请时，应注重语言的礼貌与清晰，确保邀请信息的准确传达，并留出足够的时间供受邀者考虑与回复。同时，尊重受邀者的时间与隐私，避免在不适宜的时间或频率进行邀约，以免给对方带来不便或困扰。

③口头邀请。

口头邀请，作为较随意且临时的方式，自然且亲切，常用于日常交往或临时聚会中。例如，在与客户会面时，双方相谈甚欢，可以临时口头邀请对方共进晚餐，以加深彼此的了解与友谊。然而，口头邀请也需谨慎使用，以免产生误解或不必要的疑虑。尽量避免通过第三方口头转达邀请，以免信息在传递过程中产生偏差或遗漏。亲自邀约会显得更加真诚与尊重，让受邀者感受到您的诚意与热情。同时，在口头邀请时，应注重语言的得体与礼貌，确保邀请的明确与具体，让受邀者能够清晰地理解您的意图与期待。

邀约，是社交礼仪中的重要一环。选择恰当的邀约方式，不仅能够准确传达您的诚意与关怀，更能够为您的社交活动增添一抹亮色。让我们在邀约的艺术中，展现个人的礼仪修养与魅力风采。

(4) 赴约的艺术

赴约，不仅是社交活动中的重要环节，更是个人礼仪修养与风度的展现。一个得体的赴约过程，不仅能够让主人感受到您的尊重与诚意，更能够为您在社交圈中赢得良好的口碑。

①得体着装。

赴约时，得体着装是首要原则。遵循TPO（时间Time、地点Place、场合Occasion）原则，精心搭配服饰，既能够展现您的个人品位，又能够融入场合氛围。考虑时间因素，选择适合白天或夜晚的服装；考虑地点因素，选择适合餐厅、咖啡厅或户外等不同场所的着装；考虑场合因素，确保您的装扮与宴请的正式程度相匹配。同时，务必准时或提前5~15分钟到达，既展现您的守时精神，又能够预留时间整理个人仪容仪表，以最佳状态迎接相聚时刻。

②提前告知。

如果您计划携友同行，务必事先征得主人的同意，并明确告知随行人数。这一细节不仅体现了对主人的尊重与礼貌，更能够确保宴请的顺利进行。避免人数超出预期，导致座位紧张或需临时调整，从而影响整体氛围与舒适度。提前告知还能够让主人做好充分的准备，确保每一位宾客都能够享受到周到的服务与愉悦的相聚时光。

③入座时机。

如果提前到达赴约地点，切勿擅自入座。此时，您可以在宴请餐桌旁边的沙发区落座休息，等待主人的安排。擅自入座不仅可能打乱主人的座位安排，还可能出现比自己更尊贵的宾客到达后需重新调整座位或挪动餐桌上的摆盘，造成尴尬局面。耐心等待，展现您的风度与修养，让每一次相聚都成为美好的回忆。

赴约，是社交礼仪中的重要一环。从着装到告知，再到入座时机，每一个细节都关乎您的形象与风度。让我们在赴约的艺术中，展现个人的礼仪修养与魅力风采，让每一次相聚都成为一次尊荣之旅。

（5）用餐座次安排

在进行位次安排时，需要考虑面门为上、以右为尊、主客相邻、好事成双等原则。单桌和多桌的安排也有所不同。

①单桌用餐座次安排。

根据宴请的目的不同，单桌的用餐座次也有不同。假设下方餐桌图示中进门的位置都在正下方，有以下四种座次安排：

第一种，内部用餐。如果出席人员全部是公司内部员工，职位最高者坐在1号位（一号位置离门最远），2号坐在1号领导的右手边，3号坐在1号的左手边，以此类推（如图4-14所示）。

第二种情况，只有一位主人的位次安排。主人面门落座，离门最远处，主宾坐在主人的右手边，副主宾坐在主人的左手边。其他来宾依次落座（如图4-15所示）。

有人会认为把主宾安排在面门的中间位，也就是1号位，更显重视和尊贵。但这种安排可能不经意间给主宾带来不便，比如服务员可能会拿着账单找尊贵的客人结账。应该遵循"面门为上""以右为上""居中为上""离远为上"的座次原则，将尊贵的主宾位安排在主人右手边。

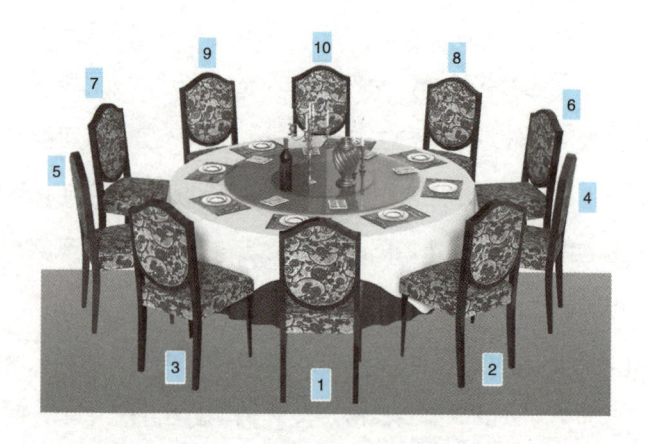

图4-14 内部用餐位次安排示意图

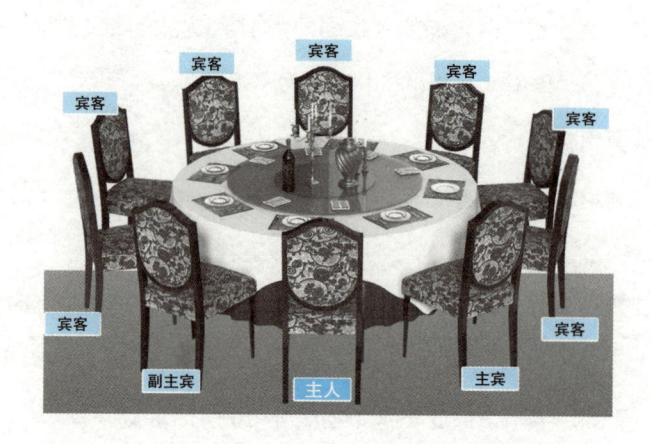

图4-15 一位主人宴请用餐位次安排示意图

　　第三种情况，有两位主人的位次安排。主人、主宾、副主宾的位置不变，而第二主人（即副主人或称为副陪）通常坐在靠门的位置，也就是主人的正对面，方便进出张罗，比如迎接客人、催菜点酒等。也有很多地区副主人紧挨着主宾右手边落座（如图4-16所示）。

　　在山东一家新兴企业里，小李，一位刚加入公司不久、满腔热情的年轻职员，迎来了他职业生涯中的一次重要考验——陪同两位上司出席与客户公司的商务宴请。这次宴请不仅是一次业务交流的机会，更是对

图 4-16 两位主人宴请用餐位次安排示意图

小李职业素养与礼仪修养的一次实战检验。

　　宴请当天，餐厅内灯火辉煌，气氛热烈而庄重。小李与上司们一同抵达，却在入座时犯了难。由于对中餐宴请的礼仪不够熟悉，他误将副主人的席位当成自己的座位，毫不犹豫地坐了下来。这一举动，让原本应该坐在那个位置的副总感到有些不自在，气氛一时变得微妙起来。

　　然而，副总毕竟是个经验丰富的"老江湖"，他迅速调整心态，用一句幽默风趣的玩笑话化解了尴尬："小李啊，你这可是'自告奋勇'要承担起陪酒的任务啊！不过，座次还是得按规矩来，你换个位置吧。"

PART 04
场景管理

183

在轻松愉快的氛围中，小李意识到了自己的鲁莽，赶紧换到了合适的位置。

宴请结束后，副总私下里找到了小李，温和地询问他为何会坐在那个位置。小李有些尴尬地解释说："我以为按照职位高低，我应该坐在离门最近的地方，没想到……"副总听后，既感到好笑又感到责任重大，他明白，这不仅是小李个人的疏忽，更是公司对新员工礼仪培训不足的一个体现。

小李的这次"小插曲"，虽然只是一场误会，但却给我们提了个醒：在商务宴请这样的正式场合中，了解并遵守正确的座次安排是至关重要的。它不仅能够体现个人的礼仪修养，更能够彰显公司的专业形象与文化底蕴。因此，作为职场新人，我们不仅要不断学习业务知识，更要注重礼仪规范的学习与实践，让自己在每一次社交活动中都能够游刃有余、光彩照人。

第四种情况，甲乙双方人数一样多的位次安排。主客相邻、好事成双，每一位客人的两旁都有主人招呼，而每一位主人的两旁也都有客人（如图4-17所示）。

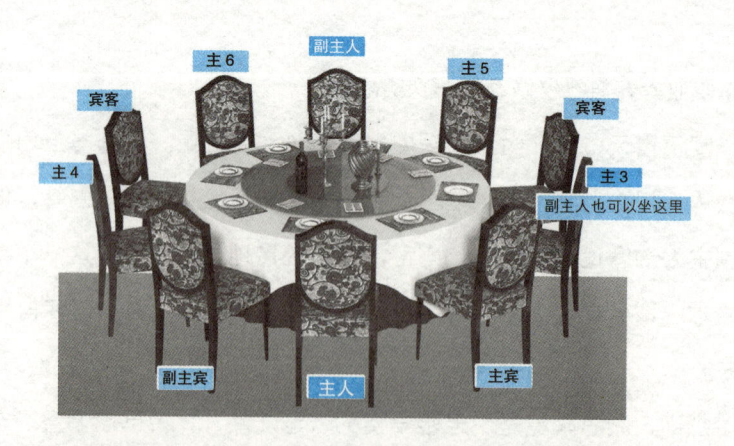

图4-17　甲乙双方人数一致宴请用餐位次安排示意图

②多桌用餐座次安排。

多桌用餐也有四种不同的情况。

第一种情况：多桌，且宴请厅中没有舞台、没有大屏，主桌是离门最远、最居中的位置。按照国际接待的标准，以右为尊，二号位桌在主桌的右手边，三号位桌在主桌的左边，依次排开（如图4-18所示）。

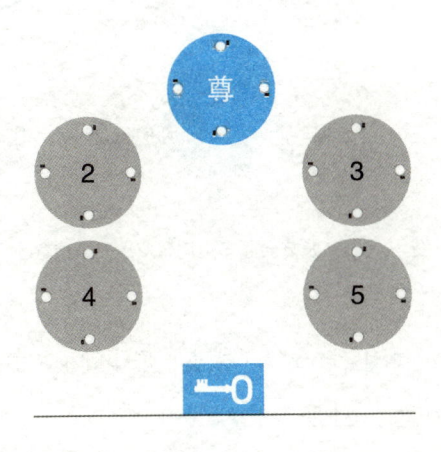

图4-18 多桌用餐座次安排示意图

第二种情况：宴会厅里只有两桌。遵循站在离门最远的地方，面向门的方向判断"以右为尊""面门为上"的原则，面对门右边的餐桌为主桌（如图4-19所示）。

图4-19 只有两桌用餐座次安排示意图

第三种情况：狭长的宴会厅。在没有屏幕或舞台的情况下，则是把离门最远的两个位置判断为尊位。而作为当事人，站在离门最远的方向，靠右边的为第一主桌，靠左的是第二主桌（如图 4-20 所示）。

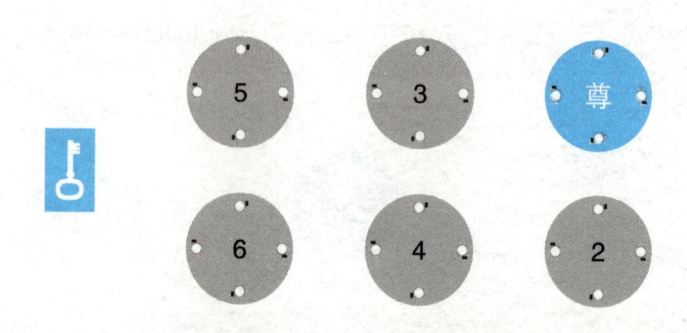

图 4-20 狭长宴会厅多桌用餐座次安排示意图

第四种情况：包围式的座次。主桌在最中间，第二第三依次在主桌的右边和左边（如图 4-21 所示）。

图 4-21 包围式的座次安排示意图

(6) 餐具的识别与使用

在商务宴请中，餐具的使用不仅关系到个人的用餐礼仪，也体现了对场合的尊重和对他人的考虑。

①汤碗。

一般情况下，喝汤一定要用汤匙，不要端起碗来喝，也不要拿汤匙来回搅和或用嘴吹凉；汤将见底时，可以用左手拇指和食指将汤碗托起一边，向外倾斜，方便用汤匙取汤；汤喝完后，汤匙应放在汤盘上或汤杯的碟子上；喝汤的时候，切忌发出声音。

②碟子。

碟子主要用于盛放食物残渣或杂物。当宾客在享用鱼、鸡等带有骨头的食物时，应将鱼骨、鸡骨或不吃的果壳放在骨碟中。餐厅和酒店的工作人员会定期来更换骨碟。在许多五星级酒店，骨碟下方还会放置一个较大的底碟，它不仅具有装饰性作用，还可以用来压住餐巾，避免在骨碟更换过程中餐巾的移动。

③筷子。

筷子，起源于拥有悠久历史的中国。一头设计为圆形，一头设计为方正，寓意"天圆地方"。在使用筷子时，注意以下礼仪规范：

- 起筷次序：用餐时，应等待主人或主宾首先动筷。作为主人，可通过公筷为宾客夹菜至碗中，以免主宾不好意思动筷。
- 注重卫生：在夹取食物时，使用公筷或分餐勺将食物放到个人骨碟或汤碗中，再用个人筷子品尝。在高端餐厅，通常还会为每位宾客配备一双专属公筷。

- 夹菜有度：夹取菜肴时，应选择离自己较近的部分。先将食物收到自己的盘碗里，而不是直接"炫"进嘴里。切忌总是把自己最喜欢的菜转到自己面前，更不能拿着筷子在一道菜里来回翻腾，尤其是带汤汁菜。
- 轻重有度：不能拿着筷子指别人，也不能指拿着筷子叮叮当当发出响声。如果重要的领导客户讲话，建议放下筷子认真听。放下时的动作要稍微缓慢，不要太过于明显，或者手持一个水杯。切记把筷子竖直插入米饭中。

（7）敬酒的规范

敬酒，作为商务宴请中不可或缺的一环，不仅承载着对宾客的尊重与热情，更是增进彼此感情、促进交流的重要方式。一场得体而周到的敬酒仪式，能够为宴会增添无限风采，让宾主尽欢。以下，我们将详细阐述敬酒的基本规范与流程，助您在商务宴请中游刃有余。

①主人先敬。

宴会伊始，主人应率先举杯，领饮欢迎酒。这一举动，不仅是对宾客的热烈欢迎，更是对彼此友谊与合作的期许。根据当地的文化习俗，欢迎酒可以是一杯、两杯或三杯，具体数量虽无硬性规定，但应确保每一杯都充满诚意与热情。主人举杯时，应面带微笑，目光环视全场，用简短而温馨的话语表达欢迎之情。

②副主次敬。

紧随主人之后，副主人亦应举杯邀请大家共饮。这一环节，既是对主人敬酒的呼应，也是副主人展现自己热情与周到的方式。副主人的敬酒词应简洁明了，既表达欢迎之意，又避免冗长赘述，以免影响宴会的节奏与氛围。

③主宾回敬。

在适当的时机，主宾应举杯回敬主人及全体宾客。这一举动，不仅是对主人热情款待的回应，更是对在座每一位宾客的尊重与感激。主宾的回敬词应真诚而得体，既表达自己的感激之情，又能够拉近与在座宾客的距离。

④主人轮敬。

主宾回敬之后，主人应开始依次轮敬宾客。这一环节，体现了主人的细致与周到。主人应先敬主宾，再敬副主宾，然后按照一定的顺序（如顺时针或逆时针）敬其他宾客。在敬酒过程中，主人应手持酒杯略低于宾客，以示尊重。同时，主人应关注每一位宾客的饮酒节奏与喜好，避免强迫或过度劝酒。

⑤依次轮敬。

主人轮敬结束后，其他宾客或员工可开始依次敬酒。这一环节，通常采用一对一的形式，以展现敬酒者的诚意与友谊。敬酒时，应先走到主宾面前敬酒，然后是副主宾，依顺时针方向依次敬其他宾客。在敬酒过程中，敬酒者应保持谦逊与礼貌，手持酒杯低于宾客，切忌一人同时敬多人，以免显得失礼或造成混乱。

敬酒，是商务宴请中的一门艺术。通过遵循上述规范与流程，不仅能够展现个人的礼仪修养与风度，更能够为宴会增添一份温馨与和谐。让我们在敬酒的艺术中，共同品味商务宴请的魅力与乐趣。

王女士身为公司高管，在公司的商务宴请活动中，始终因为不会喝酒而感到排斥。在一次重要的商务招待中，她不得不出席。当敬酒环节到来时，大家纷纷起身举杯，而王女士却因为不会喝酒而犹豫不决。她坦诚地表示自己不喝酒，未能起身，这让公司老总感到很没面子，也让被接待方误以为王女士看不起他们。

事实上，面对这种情况，以茶代酒是一个很好的选择。王女士可以端起茶杯，与大家一同起身，用真诚的语言表达自己的敬意。她可以说：

PART **04**
场景管理

189

"尊敬的各位，虽然我无法与大家一同饮酒，但我以这杯清茶代替美酒，表达我对大家的敬意和感激。请允许我以这种方式，与大家共同庆祝这个美好的时刻。"

通过这样的表达，王女士既展现了自己的真诚，也避免了尴尬局面。真诚的态度和恰当的表达，让对方感受到我们的善意，从而达到商务交流的目的。

语言管理

WORKPLACE
ETIQUETTE

01 语之根：沟通的本质与重要性
02 语之叶：提问和倾听的技巧
03 语之花：让人愉悦的表达方式
04 语之果：双赢的语言沟通艺术
05 "语"林大会：互联网沟通那些事

在纷繁复杂的人际交往中，言语的力量犹如双刃剑，既能温暖人心，亦能伤人至深。正如古语所云："良言一句三冬暖，恶语伤人六月寒。"沟通，这门关于语言的学问，其精髓远不止于言辞的堆砌，更在于对他人心灵的深刻理解、对人性的敏锐洞察、对表达时机的精准把握，以及对用词分寸的细致考量。

随着互联网时代的汹涌来袭，网络通讯已成为人们连接彼此、传递信息的重要桥梁。虽然面对面的交流机会有所减少，但沟通的重要性却并未因此减弱，反而因沟通方式的多样化而变得更加复杂且富有挑战。在这个信息爆炸的时代，如何在纷繁的网络世界中，以得体的言辞、恰当的方式与人沟通，成为一门亟待掌握的必修课。

良好的沟通，如同春风化雨，能够化解误会，增进理解，让一切美好悄然发生。它不仅能够促进人际关系的和谐与融洽，还能够在职场中助力事业的成功，让合作更加顺畅，让团队更加凝聚。然而，失败的沟通则如同寒冬腊月里的寒风，有可能瞬间摧毁原本稳固的关系，让一切努力付诸东流。

在与人交流的每一个瞬间，无论是习惯用语的选择、语音语调的把握、语言风格的呈现，还是语气态度的流露、身体语言的运用，都如同一面镜子，映照出你的背景、学识、教育水平以及社会地位。这些看似微不足道的细节，实则蕴含着沟通的艺术与智慧，它们共同构成了你独特的沟通风格，影响着你在人际交往中的形象与地位。

因此，掌握沟通的艺术，对于每一个人而言都至关重要。它不仅能够让你在人际交往中更加游刃有余，还能够提升你的个人魅力与影响力，让你在人生的舞台上绽放更加耀眼的光芒。让我们一同踏上这段沟通之旅，探索人际交往中的无限可能，让沟通成为连接心灵的桥梁，让美好因沟通而绽放。

语言背后的人性力量：最有力的武器与无成本的投资

语言如同桥梁，连接着心与心之间的距离。然而，并非所有人的语言都能如春风般温暖人心，有些人张口即是粗鄙之语，令人心生厌恶；有些人则只是机械地传递文字信息，冰冷无趣，缺乏情感的交流与共鸣。那么，为何我们要学习语言艺术呢？它不仅能够赋予语言以技术与目的，更能让礼仪之光温暖每一句言辞，使其成为一门真正的艺术。

（1）提升个人修养，展现优雅风度

语言艺术的学习，首先是对个人修养的锤炼。它教会我们如何以更加文明、得体的方式表达自我，避免粗俗与无礼的言辞。当我们能够熟练运用礼貌用语，以温婉的语调、恰当的措辞与人交流时，不仅能够展现出自身的优雅风度，更能够赢得他人的尊重与好感。

（2）增强沟通能力，实现高效交流

语言不仅仅是信息的载体，更是情感的传递者。学习语言艺术，能够让我们更好地掌握沟通的技巧，无论是倾听还是表达，都能够更加准确、高效地传递信息。通过语言的艺术化处理，我们能够更加巧妙地表达自己的想法与需求，同时也能够更加敏锐地捕捉他人的情感与意图，从而实现真正的有效沟通。

（3）运用语言技术，达成既定目标

在特定的场合与情境下，语言往往被赋予了特定的目的与技术。学习语言艺术，能够帮助我们更好地掌握这些技术，如说服、谈判、激励等，从而在不同的社交与职业场景中游刃有余。通过精准的语言运用，我们能够更加有效地影响他人的决策与行为，进而达成自

己的既定目标。

（4）融合礼仪元素，让语言充满温度

礼仪，作为社交中的行为规范与准则，能够为语言艺术增添无限的温度与魅力。当我们在言辞中融入礼仪的元素，如尊重、关心、赞美等，就能够让原本冰冷的文字变得生动而富有情感。这样的语言不仅能够拉近人与人之间的距离，更能够营造出和谐、愉悦的社交氛围。

学习语言艺术不仅是为了提升个人的表达能力与沟通技巧，更是为了赋予语言以温度与魅力，让其在人际交往中发挥出更大的力量。让我们一同探索语言艺术的奥秘，用礼仪之光温暖每一句言辞，让沟通成为一门真正的艺术。

语言管理艺术：掌握沟通精髓，塑造温暖交流之道

语言，作为人类思想与情感的载体，在人际交往中占据着举足轻重的地位。而语言管理，则是对这一重要工具进行精心雕琢与运用的过程。它涵盖了语言的多个方面，旨在帮助我们更好地掌握沟通的艺术，塑造优雅而高效的交流方式。以下，我们将详细探讨语言管理所包含的几个关键内容。

（1）语之根：沟通的本质与重要性

沟通是将观念或思想由一个人传递给另外一个人的过程，或者是一个人自身内在的传递，其目的是使接受沟通的人获得思想上的了解。所以，"沟通"是人与人之间传递信息、传播思想、传达情感的过程，是一个人获得他人思想、情感、见解、价值观的一种途径，是人与人之间交往的一座桥梁，通过这个桥梁，人们可以分享彼此

的情感和知识，消除误会，增进了解，达成共同认识或共同协议。

沟通是双向的，常常因为语言障碍、个人偏见、主观误差、环境干扰、沟通目标不明确等因素导致沟通不畅。

（2）语之叶：提问和倾听的技巧

在沟通的过程中，大多数人都觉得自己的表达能力很好，事实上，倾听者接收到的信息可能不足 40%。所以，我们需要使用提问的技巧来快速达到沟通的目的。

（3）语之花：让人愉悦的表达方式

语言，是人与人之间沟通的桥梁，是信息传递与情感交流的核心工具。在社交场合中，得体而恰当的语言能够拉近人与人之间的距离，增进相互理解；反之，粗俗或不当的言辞则可能引发误解与冲突。因此，深刻认识语言的重要性，是语言管理的首要任务。

有效的沟通不仅仅是传递信息，更重要的是要考虑到接收者的感受和需求。同时，在表达的过程中，还要注意确保信息表达完整、尽可能使用对方容易理解的和通俗易懂的语言进行清晰而简洁的表达，还要多使用积极的语言。

（4）语之果：双赢的语言沟通艺术

在实际的沟通过程中，我们常常会触碰到对方的底线，甚至引发投诉。产生冲突和投诉的原因可能是缺乏同理心、沟通不当、处理结果与期望值产生落差或者情绪管理不足。

为了确保对话不发生冲突，我们注意说话的方式，可以尽量避免冲突。比如：保持尊重、强调共同目的、用道歉缓解误会等。在平息客户愤怒情绪时，可以使用三变法则。

（5）"语"林大会：互联网沟通那些事

最后，通过"语"林大会的形式，让大家更好地掌握微信沟通、工作群聊、朋友圈、网络会议的技巧。

语言管理是一门深奥而实用的艺术。通过掌握语言的精髓与技巧，我们能够在人际交往中游刃有余，塑造优雅而高效的沟通之道。让我们一同踏上这段语言管理的旅程，探索更多关于沟通的秘密与魅力。

01 | 语之根：沟通的本质与重要性

任老师从李总办公室出来，径直走向李乐，示意他到会议室。

她看着年轻有朝气的李乐说："李乐，公司最近遭遇了一次投诉事件，这件事引起了李总的高度重视。所以，他希望培训部组织一场培训来提升员工的沟通技巧，避免类似事件再次发生。你之前也有类似的培训经验，相信你一定不负众望。"

李乐点了点头，眼中闪烁着既紧张又兴奋的光芒。他深知这次不仅是证明自己实力的机会，更是他进入公司后的第一次大考。于是，他暗暗下定决心，要全力以赴。为了让培训内容既实用又引人入胜，李乐绞尽脑汁。一周后，培训课程如期开始。培训室内坐满了员工，他们的目光中充满了好奇和期待。

李乐站在讲台上，他的声音充满自信："欢迎大家参加这次沟通技巧培训。我们将一起探讨'沟通之树'。语之根——了解沟通的本质与重要性；语之叶——学习提问和倾听的技巧；语之花——掌握令人愉悦的交流方式；语之果——探讨双赢的沟通艺术。最后一节课，我们用一种轻松幽默的'吐槽'方式来让大家找到在互联网沟通中存在的问题，并学会如何避免。我相信通过这次培训，我们每个人都能成为更出色的沟通者。"

什么是沟通 ▶▶

"在培训开始之前,我想请大家先看一段视频。这段视频是一位高级白领的自述,讲述他在机场一家面包店与一位满头白发的长者的故事。"李乐说完,点开播放按钮。

我在机场花了 5 美元买了 5 个甜甜圈。这还真是个"好"交易,因为这跟买 3 个是一样的。但随便啦,然后我坐下来开始看报纸。

在我的对面坐着另一个人,我看着他,他微笑着向我点了点头,然后,我继续看着我的报纸。没多久,我听到一阵沙沙声,我感到困惑,并看着他,我看到他居然将手伸进装着我甜甜圈的袋子里。这有点奇怪,但没关系,他看起来像是流浪汉,他可能比我更需要甜甜圈。我还有四个甜甜圈,反正我也吃不完。所以,我何必要在意?我把手伸进了纸袋,拿了一个甜甜圈来吃,然后继续看报纸。

当我在看社会新闻时,又听到沙沙声,我看到他又将手伸进袋子里了。他咬了一口甜甜圈,我心想:什么鬼啊?我开始有点生气了,但周围都没有人说话,所以,我觉得我不应该抱怨,我也伸手进袋子里拿了一个甜甜圈,然后摇摇头,心想:随便啦。

过了一会儿,广播了下一班航班时间,那个人站起来,拿了他所有的东西,然后停在桌子前,我可以从眼角看到他要拿走最后一个甜甜圈。我心想:真的假的!他看着我,将甜甜圈分成两份,一份给我。我伸出手,不敢相信地拿了这半个甜甜圈。然后,他点点头,就离开了。

我坐在那,回想刚才的情况,这时,我听到我的航班广播，就站了起来，拿起了公文包和外套。我看到，我买的甜甜圈居然在外套下。原来我一直在吃那个人的甜甜圈。他什么都没说，还将最后一个甜甜圈分一半给我。

视频播放完毕，培训室内陷入了短暂的静谧。李乐转向大家，缓缓开口："视频中的那两个人，他们之间有没有沟通呢？"

大家的目光这才从屏幕上移开。张薇思考片刻后回答道："似乎没有，因为他们全程没有开口说过一句话。"

欧阳子祺轻轻摇头，似乎对这个答案并不完全认同："但我认为，沟通不仅仅局限于言语。他们之间有眼神对视，那也是一种非语言的交流方式。"

"确实，沟通的定义远比我们想象得要广泛。《大英百科全书》说，沟通是相互交换信息的行为。而《哥伦比亚百科全书》中说，沟通是思想及信息的传递。美国学者布农更为详尽地描述沟通的概念。"李乐继续解释说，"他说，沟通是将观念或思想由一个人传递给另外一个人的过程，或者是一个人自身内在的传递，其目的是使接受沟通的人获得思想上的了解。所以，'沟通'是人与人之间传递信息、传播思想、传达情感的过程，是一个人获得他人思想、情感、见解、价值观的一种途径，是人与人之间交往的一座桥梁，通过这个桥梁，人们可以分享彼此的情感和知识，消除误会，增进了解，达成共同认识或共同协议。如此看来，视频中的两个人并没有沟通。因为，他们并没有交换信息，也并没有把自己的观念或者思想传递给另外一个人，从而导致了误会的发生。"

影响沟通的因素 ▶▶

大家听得入神，若有所思地点点头，李乐继续问："沟通是双向的，不必要的误会都可以在沟通中消除。那么，究竟是什么阻碍了他们之间的沟通呢？"

高颜回答道："语言无疑是一个巨大的障碍。从他们的外貌和举止来看，很可能来自不同的文化背景，使用的语言也不同，这就大大限制了他们直接交流的可能性。"

"我认为还有个人偏见，"李明接过话茬说道，"视频中的男主人公，他眼中似乎带着对对方身份的偏见，认为对方只是一个流浪汉，带着评价的情绪，因此从心底里就不愿意与对方交流。"

李乐赞赏地看着大家，继续补充："没错，大家讲得非常有道理。除了语言障碍和个人偏见以外，在实际的生活和工作中，还有可能是因为主观误差。在对一件事情的认知存在主观判断时，确实很难沟通。还有可能是天生障碍。我在读大学的时候，班里有一位同学因为先天原因吐字不清，这会影响他的表达。甚至还有聋哑人，如果我们不会用手语，就更难与他们进行沟通了。"

"在职场中，引起沟通障碍的因素通常还有：环境干扰、沟通目标不明确、急于表达、不善倾听、情绪干扰、不善提问和时间不充足。请大家翻开培训手册第3页，上面有七个案例，请大家思考一下，影响他们沟通的因素是什么。"李乐边说边拿出培训手册。

案例一

在与客户沟通需求时，产品经理只是简单地复述客户的要求，而没有进一步提问以澄清细节或确认优先级。

案例二

在银行宽敞明亮的大厅内，客服柜面的工作人员正忙碌而有序地接待着络绎不绝的客户。然而，这种和谐突然被一位新进入大厅的客户打破。这位客户说话声音异常响亮，情绪显得异常激动，他的行为让其他客户感到不安，也影响了他们与工作人员之间的沟通体验。

案例三

由于项目延期导致客户不满，团队成员在随后的内部讨论中情绪激动，相互指责。

案例四

客服经理在团队会议上提出："我们需要提升客户满意度。"但没有明确具体要提升哪些方面的满意度，如何衡量提升效果，以及由谁负责实施，从而导致团队成员在执行时感到迷茫，方向不一致。

案例五

临近下班时间，员工Q匆忙地走进领导的办公室，带着一份需要至少一小时才能详细汇报的工作计划。

案例六

员工E在与客户沟通时，没有认真倾听客户的需求和反馈，而是急于推销产品，导致客户感到不被尊重，最终失去了潜在的销售机会。

案例七

在一次头脑风暴会议中，员工D急于分享自己的想法，不等他人说完就插话，结果打断了他人的思路，也使得自己的想法没有得到充分的阐述和讨论。

周祈举手说:"案例一,我觉得是产品经理不善提问。"

"没错,沟通就是在一问一答、一来一回之间达成相互理解和达成共识的过程。"李乐说道。

张子恒紧接着发言:"案例二,我认为是环境干扰。这就是为什么银行大厅要有保安在维持秩序的原因。"

李乐补充说:"是的,环境的干扰是经常出现的沟通障碍,如果我们是沟通的主导方,那一定要营造良好的沟通环境。"

这时,周乐举手说:"案例三,应该是情绪干扰。如果我们带着情绪沟通,结果肯定不会好。所以,我们在沟通过程中要努力保持情绪稳定,不仅是对对方的尊重,也是职业素养的体现。"

会议室内的气氛变得更加活跃起来。众人纷纷举手,想要分享自己的见解。

"案例四是沟通目标不明确。没有目标,就像航海没有指南针,这样的沟通是无效的。"

"案例五是时间不充足,特别是向领导汇报工作,一定要预留足够的时间。"

"案例六是不善倾听,真正的沟通高手不一定是那个滔滔不绝的人,善于倾听的人更能获得对方好感。"

"案例七是急于表达。"李乐笑着接过话题,连连点头表示赞同:"是的,急于表达自己的想法,往往会错过很多沟通的信息,也会让对方有不好的感受。"

影响的作用 ▶▶

"有人听过夫妻吃鱼的故事吗?"李乐问道。

秦子疆兴奋地举起手说:"我听过。有一对老夫妻结婚几十年,每一次丈夫总是抢着吃鱼头,把鱼肉让给妻子,妻子每一次总是很幸福地吃着丈夫挑出来的鱼肉。直到有一天，妻子躺在床上不能动了，丈夫把精心做好的鱼放到妻子面前，妻子说：'让我吃一次鱼头吧。其实，我最喜欢吃的是鱼头。'丈夫愣了一下，笑着说：'其实，我最喜欢吃的是鱼肉。'"

李乐带头给秦子疆热烈的掌声，然后继续说道："我们常常会局限在自己的误区中，满怀善意地做着伤害别人的事情，这就是不沟通或者沟通不畅带来的结果。这样的例子在职场中也比比皆是。"

李乐点击了一下翻页器，幻灯片上展示了一组数据。

"大家请看，"李乐边说边用激光笔指向屏幕，"这是普林斯顿大学经过对一万份人事档案分析后得出的结论：智慧、专业技术和经验，这些我们常以为很重要的因素，实际上只占成功因素的25%，其余75%取决于良好的人际沟通之中。"

会议室里顿时响起了一阵轻微的议论声，李乐继续说道："不仅如此，哈佛大学的另一项调查，他们追踪了500名被解雇的职员，发现其中高达82%的个体由于人际沟通的不良，导致了工作表现上的不称职。"

李乐停顿了一下，继续说："所以，无论在家庭中还是在职场中，无论是在陌生人之间还是相熟的人之间，沟通都有着层层深入的意义。最基本作用是：让我们能够清晰地说明事物，准确地传递信息，使对方了解并接受我们的想法；进一步作用是：在交流中获取信息，深入了解他人，为做出更加明智的决策提供坚实的保障；更进一步，沟通是情感的纽带，它让我们能够交流内心的感受，改善并增进彼此之间的关系。"

"而对于一个团队而言，沟通的力量更是不可估量。它能够统一团队成员的思想，凝聚共识，营造出积极向上的团队精神和工作氛围。在这样的环境中，工作效率自然提升，每个人的积极性也被充分调动起来。"李乐总结道，"所以，让我们重视沟通，学会沟通，用沟通的力量，去点亮我们人生的每一个角落。"

"我们回到开始播放的那个视频，在视频的末尾写了一句话'对的外套可以改变你的观点，正确的捐赠可以改变某人的生活。'大家是如何理解的，也可以讲讲我们在工作和生活中怎样可以避免这样的尴尬。"

大家纷纷举手发言，培训室内的气氛愈发活跃。

02 | 语之叶：提问和倾听的技巧

为了让大家能更深刻地理解倾听和提问在沟通中的关键作用，他准备了一个特别的活动——撕纸游戏。趁着十分钟的休息时间，李乐穿梭在培训室中，在每个小组的桌面上放下 5 张 A4 纸。

沟通漏斗 ▶▶

李乐站在讲台前，清了清嗓子，说："各位同事，接下来，我们玩一个简单的游戏，叫作'撕纸艺术'。大家准备好了吗？"

李乐注意到了他们的好奇心，微笑着说："请大家注意，每个人拿好一张纸，然后闭上眼睛。大家听我的指令来完成动作，过程中不能提问。"

"现在，请对折一次。"李乐故意停顿了一下，培训室里响起了纸张的沙沙声，"再对折一次，再对折一次。"

李乐看着操作完以后，继续发出指令："现在,请把右上角撕下来。撕下来以后，旋转 180 度，把左上角也撕下来。完成以后，就可以睁开眼睛，然后把你们的'作品'打开展示一下。"

经过一番折腾，每个人手中的纸张都变成了形状各异的"艺术品"。李乐再次环视一周，满意地点点头："大家有没有发现，即使是同一个指令，我们创造出来的作品也截然不同？谁想来分享一下自己的体验和感受？"

"我原以为我完全按照指令做了,"黄子正说,"但看到其他人的结果后,我发现每个人的理解都是不一样的。"

李乐点头表示赞同:"是的,即使完全相同的指令,每个人接收到的都是不一样的。这就是为什么沟通常常出现误解的原因。大家请看这里。"

说着,李乐在白板上迅速画下了一个倒三角形,继续说:"在沟通的过程中,大多数人都觉得自己的表达能力很好,都能把心里想说出来的信息 100% 表达出来,但是嘴里说出来的却只有 80%。"他边说边在倒三角形的顶部写下了"想说的 100%",然后向下一层写下"80%"。

"这丢失的 20% 可能是因为我们忘记了某些要点,或者出于某种原因不好意思讲出来。"李乐解释道。

"接下来,信息接收者可能只接收到 60%,"李乐继续在白板上标注,"这可能接收过程中受到干扰,或者由于接收者的文化水平、成长背景、三观等因素影响。"

"而接收到的 60% 的信息,可能因为理解能力的问题,只达到 40%;三天后,所接收到的信息只剩下 20%。这就是为什么我们在沟通中常常出现信息不对称的原因。"李乐转过身来,面对着大家,"大家都以为别人应该懂得自己,然而,只是我以为你应该知道我知道的,你也以为我应该知道你知道的(如图 5-1 所示)。"

话音刚落,会议室里爆发出一阵笑声。李乐的绕口令不仅让大家放松了紧绷的神经,也巧妙地强调了沟通中的误解和信息损失。

"所以,"李乐微笑着补充,"有效的沟通需要我们不断地确认、重复和澄清,以确保信息的准确传达。"

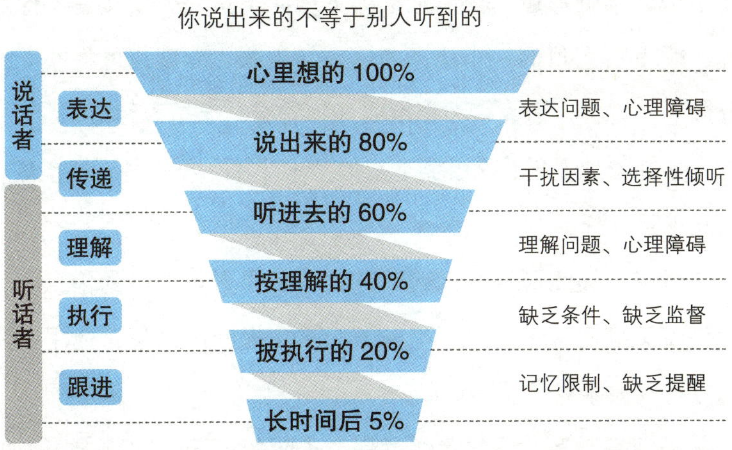

你说出来的不等于别人听到的

说话者	表达	心里想的 100%	表达问题、心理障碍
	传递	说出来的 80%	干扰因素、选择性倾听
听话者	理解	听进去的 60%	理解问题、心理障碍
	执行	按理解的 40%	缺乏条件、缺乏监督
	跟进	被执行的 20%	记忆限制、缺乏提醒
		长时间后 5%	

图 5-1 沟通漏斗示意图

如何快速提问达到目的 ▶▶

"刚才大家是觉得不能提问，所以导致每个人的'作品'有所不同，是吧？"李乐站在讲台上，目光扫过在场的每一个人，大家都在点头，表示认同。

"好的，现在，我邀请一位同事上来，重复上述的指令。这次不同的是，他可以向我提问，大家也可以跟着一起做。"李乐说。

杨子明迫不及待地站起身，脸上洋溢着兴奋之色，拿起桌上的A4纸，大步流星地走向讲台，站在李乐身旁。他闭上眼睛，按照指示开始提问："请问，第一次对折时，纸的开口是朝上吗？"

李乐确认说："是的。"

得到答复后，杨子明继续问道："那么，这一次折叠后，纸的侧面开口是朝向左侧吗？"

"没错。"李乐再次给予了肯定的回答。

"最后一个问题，"杨子明略微停顿，似乎在思考如何表述得更为准确，"我应该从哪个方向向哪个方向进行最后的折叠呢？"

李乐详细解释道:"请把纸的下端向上折叠,紧接着,像之前那样,撕下右上角的一小块,之后旋转纸张180度,再将左上角的部分撕下。现在,请大家都把纸展开,看看结果是否相似。"

大家惊讶地发现,除了撕下来的角大小不一样以外,这次的"作品"几乎是一样的。

"所以,提问可以在沟通的过程中获得更加准确的信息。"李乐紧接着又抛出一个问题,"杨子明刚才提问的过程,他用了两种提问方式,大家有发现吗?"

方子羽举手发言:"我注意到,子明的前两个问题采用了封闭式提问法,可以用'是'或'不是'来回答;第三个问题是用开放式的提问法,可以有多个答案。"

李乐点头赞许,进一步阐述道:"方子羽分析得很到位。封闭式提问确实高效且能控制对话方向,但也可能限制了信息的全面性和对话的灵活性,而且可能会导致对话的氛围比较紧张。相比之下,开放式提问则鼓励更深入的交流,而且对话的氛围相对比较轻松,但相应地需要更多时间,且话题容易发散。"

这时,欧阳子祺提出了一个问题:"那么,在什么情况下应该使用开放式提问,什么情况下又该选择封闭式提问呢?"

李乐耐心地解答:"这是一个很好的问题。通常,我们可以用开放式问题来开头,鼓励对方自由表达。当发现对话偏离主题时,可以通过封闭式问题迅速拉回正轨。而在氛围变得紧张时,再次采用开放式问题,可以有效缓解压力,促进更加和谐的交流。"

他接着举例说明:"比如,领导问你:'子祺,你最近销售工作进行得怎么样?'你可能不知道他真正想知道的是什么,于是从多个方面展开来讲。"李乐转向子祺说,"如果领导直接问:'子祺,你这个月销售数据是多少?'你马上就可以回答出来,但是氛围变得紧张起来,因为你不知道他后面会问什么。如果领导又说:'你觉得在工作中有什么需要我帮助你的吗？'这样，你可能就没有这么紧张了。所以，为了能够保证我们在沟通当中的有效性，可以用这种方法来交流沟通。"

最后，李乐不忘提醒道："当然，我们还需要注意提问的语气和态度，避免使用带有质问或不耐烦的口吻，以免给对方带来不必要的压力或误解。比如：'你有什么问题需要解决，说吧！'或者'你找我究竟想要解决什么问题？'这些提问都是带着质问或者不耐烦的语气，会导致对方感受到敌意或是有压力（如表 5-1 所示）。"

表 5-1 封闭式问题与开放式问题对照表

封闭式问题	开放式问题
答案已经知晓	具有多种答案，多于一个
结论已经固定下来	让人们进一步思考、"走得更远""深入探讨"
由过去的结论得出	朝向未来的
诱导性提问	非判断性的
"是"或"不是"	可以由 1~10 分进行度量

听得懂才能说得清 ▶▶

"接下来，我想邀请六位同事上台，做一个小游戏。"李乐说道，目光在人群中扫过，然后在众多举手的人群中挑选了李明、黄子正、张薇、欧阳子祺、高颜和周祈。他们依次走上了讲台前。

"我手上有六张卡片，它们将决定你们在游戏中的角色。"李乐边说边从口袋里掏出卡片，"你们每人抽取一张，抽到表达者角色的同事，请举手示意我，其他同事抽到的卡片，不用告诉我们，但是，你们要按卡片的指示来扮演角色。"他解释说，语气中带着一丝神秘。

张薇轻轻举起手，李乐看了一眼她的卡片说，"张薇抽到了表达者，你要扮演一位刚刚失恋的人，然后分别对他们五个人说说你的情况，看看他们的反应。"

她点了点头，深吸一口气，随后走到李明身边，用略带哭腔的声音说："李明，我失恋了……"然而，李明仿佛置身于另一个世界，眼睛紧紧盯着手机屏幕，对张薇的话毫无反应。

张薇的眼神中闪过一丝失落，但她很快调整情绪，转向黄子正："子正，我失恋了。"黄子正头也没抬，只是敷衍地回应了一句："哦，挺好。"继续沉浸在自己的手机世界里。

接着，张薇转向欧阳子祺，语气中带着一丝恳求："子祺，我失恋了。"欧阳子祺终于抬头，眼中闪过一丝惊讶："啊，为什么又分了，你们不是才和好吗？"他的问题透露出他对情况的好奇，但也仅限于表面的询问。

周祈同情地看着张薇，没有说话，只是默默地点点头，偶尔做个简短地回应，他的眼神中充满了理解和支持。

一旁的高颜专注地倾听着张薇的述说，时不时还会用自己的话复述张薇的感受："你是说,他根本不关心你，约了去看电影还迟到？"他的反应，仿佛是一位专业的心理咨询师。

游戏结束后，李乐邀请大家站成一排，面向大家，开始了总结："倾听的层次从低到高，分别是：完全漠视、假装在听、选择性地听、同理心地听、专业咨询地听。我们刚刚见证了它们的生动展现。谁能告诉我，他们各自扮演了哪个层次？"

大家纷纷举手，争相回答："李明是完全漠视！""子正是假装在听！""欧阳子祺是选择性地听！""周祈是同理心地听！""高颜是专业咨询地听！"

李乐微笑着说："非常好，看来大家都能区分不同层次的倾听。那么，大家知道'听'的繁体字怎么写吗？"李乐问道。

罗子骞迅速举起手来，在李乐的示意下，他自信地走上讲台，拿起白板笔，一笔一画地写下了"聽""左边的'耳'，是人的听觉器官，用耳朵听；下面的'王'，意思是要以耳朵为王，认真听；'四'转过来看，是一个'目'字，意思是要看着对方听；'心'是用心地听。"罗子骞的声音清晰有力。

李乐点头称赞道："子骞分析得非常到位，这正是沟通中'听'的真谛。掌声鼓励。"随着他的话语，会议室里响起了热烈的掌声。"所以，在沟通当中，'听'非常重要，要以耳朵为王；右边的十目一心，就是我们把所有看到的、听到的、想到的都放到心里面，认真琢磨一番再表达出来，这才是真正有效的沟通。"

接着，李乐转向了实际的沟通技巧："从前面的游戏中我们可以观察到，接收者的姿态与回应方式对于沟通效果有着至关重要的影响，保持开放式的姿态可以促进彼此更好的交流。"他边说边示范，身体微微前倾，"想象一下，当我们把心脏朝向对方，身体前倾，膝盖朝向对方，保持认真倾听的状态，无疑是在告诉对方：'我很在乎你，我在认真听你说话。'尽量避免双手环抱胸前。同时，在听的过程中，适时地给予反馈，如'是的''好''行'等简短词汇，都是对对方的一种鼓励与认可。"

"更重要的是，当遇到不明白之处，要敢于礼貌地打断，以确保信息的准确无误。比如：'抱歉，您刚才说的这一点我不是特别清楚，能否请您再重复一下，以便我更好地记录和执行？'这就是非常好的有回应的听。如果只是记下领导所说，根本就没有完全领会到真正的核心意图，执行的时候，大概率会出现偏差。"

"当时，倾听时还应该随时准备'道具'。"李乐补充道，"比如，前台岗位突然听到电梯口有领导在喊，大概率会拿着门禁卡去开门；在领导做重要指示时，带着笔记本和笔，哪怕没有记录，给人的印象也是很好的。"

"有的时候为了顾及大家面子，对方没有直接说出真实想法，而是用另一种方式表达了同样的结果。这就要求我们听得懂言外之意、弦外之音。有一次，我逛商场看中了一件驼色羊绒大衣，价格并不低，七八千元，无论质感、款式、面料哪都好，但是因为考虑到家里有一件相似款，而且这件的价格实在是太贵了，所以我试完以后很不好意思地还给店员，说：'很好看。但是我最近胖了，我等明年瘦下来一点再买。'相信店员也听得出来，我并不是没有看中这个大衣，但如果我直接说贵，对方和我心里多多少少都会觉得有一点点尴尬。这就叫弦外之音和言外之意。"

李乐话语中带着一丝幽默，让在场的每个人都会心地笑了。

03 | 语之花：让人愉悦的表达方式

随着两节课的结束，墙上的时钟指针悄然指向十一点。培训室的一角，摆放着一张小桌子，上面已经准备好了各种小零食：新鲜的水果切片、香脆的饼干和一些健康的坚果。李乐说道："我准备了一些小零食，给大家提提神，现在，休息十分钟。"

同事们闻声纷纷转头，看到那些色彩缤纷的小零食，脸上露出了惊喜的表情。一位女学员笑着回应："李乐老师真是太贴心了，这些零食看起来真诱人！"大家开始走向小桌子，挑选自己喜欢的零食。

投其所好的表达方式 ▶▶

经过短暂的小憩，大家又充满活力地回到座位上。

李乐拿起话筒，继续上午的课程内容："当我们学会了提问和倾听的技巧以后，下一步是要学会让人感到愉悦的表达方式。如果不会表达，往往会在不经意间得罪了他人而不自知。有一个关于请客的经典笑话。"

"话说有一天，王先生邀请 ABCD 四位朋友吃饭。然而，D 先生迟迟不来，此时王先生有点焦急，对着 ABC 说：'该来的还没来，咱们等会再开餐。'暴脾气的 A 先生一听，脸色骤变，心想：'难道我是那个'不该来'的？于是，站起身，一句话没说，便大步流星地离开了餐厅。王先生急忙补充说：'你看，不该走的怎么又走了？'B先生心中暗道：'这话说得，我怎么听着都像是在赶我走？'于是，他也按捺不住，起身离开。王先生更是手忙脚乱，连忙又说：'我不是说你！'C先生一脸茫然，心想：'那应该走的是我呗。'然后，C也走了。正当王先生懊恼时，D先生急忙赶来了，说：'老王不好意思，我今天路上有点堵迟到了。'王先生本想缓解气氛，却说了句：'你看你才来，不该走的都走了。'"

故事还没讲完，大家就已经笑得前俯后仰。李乐自己也忍不住嘴角上扬，但他还是尽力保持着稳重，继续说："本来请吃饭是一件好事，王先生却凭实力得罪了所有人。所以，无论是生活还是工作，都必须学会让人愉悦地表达，让彼此的关系更加和谐融洽。而相反，一句无心之言，却可能无意中伤害到他人，造成不必要的误会和隔阂。"

"下面，请大家翻开学员手册的第12页。"李乐边说边指着学员手册，"请大家阅读这个案例，然后我们再来讨论一下，案例中的工作人员为什么会让宾客不满意。"随着学员们纷纷翻动书页，一阵轻微的纸张翻动声在教室里回荡。

某天中午，一位外宾下榻饭店后到餐厅去用午餐。当他走出电梯时，站在电梯口的一位女服务员礼貌地向他点头，并且用英语说："您好，先生！"客人微笑地回答道："中午好，小姐。"当外宾走进餐厅后，迎宾员讲了同样的一句话："您好，先生！"那位外宾微笑地点了一下头，没有开口。

外宾吃好午饭，顺便在饭店庭院外散步。走出庭院时，一位男服务员也是同样的一句话："您好，先生！"这时这外宾只是敷衍地略微点了一下头，感觉不耐烦了。

外宾重新走进内大门时，不料迎面而来的仍然是那个男服务员，又是"您好，先生！"的声音传入耳中，此时外宾已生反感，默然地径直乘电梯回客房休息。谁知在电梯口仍碰见原来的那位女服务员，又是一声"您好，先生！"外宾此时忍耐不住了，开口说："难道你不能说一些其他的话同客人打招呼吗？"

同事们开始交头接耳，讨论着案例中的问题。秦子疆举手发言："我觉得问题在于服务员的问候过于单一，没有变化，也没有情感投入，缺乏感染力。"

方子羽补充道："是的，如果服务员能够根据客人的情绪或者场合，使用不同的问候方式，可能会让客人感到更加舒适，包括语音、语气、语调。"

李乐点头表示赞同："非常好，大家已经抓住了问题的关键。有效的沟通不仅仅是传递信息，更重要的是要考虑到接收者的感受和需求。服务人员在短短时间内多次和同一客人照面，机械呆板地使用同一敬语，结果使客人产生反感。'一句话逗人笑，一句话惹人跳'指的是由于语言表达技巧的不同，所产生的效果也就不一样。饭店对各个工种、各个岗位、各个层次的员工所使用的语言作出基本规定是必要的。但是，在接待客人或处理问题时，语言表达不够艺术，过于依赖'模式语言'，惹得客人不愉快，甚至投诉。"

"除此以外，在表达的过程中，我们还需要注意什么呢？"李乐的提问引发了大家的思考。

"首先，"李乐顿了顿，"确保信息表达完整。想象一下，在财务交接时，如果金额、次数或时间等关键信息遗漏，可能会导致怎样的混乱？"

"其次，是清晰而简洁地表达，尽可能使用对方容易理解的、通俗易懂的语言。中国的语言博大精深，如果我们能用对方熟悉的语言，将复杂的思想化作简单的词汇，是不是让沟通变得更加顺畅？"

"再者，多用积极的语言。避免负面或批评性的言辞，这样可以营造积极的对话氛围。在团队中，一句鼓励的话语，往往能激发无限的潜能。而批评与指责，则可能像寒风中的利刃，伤人于无形。比如，在指出错误时，先肯定对方的努力，再温柔地提出改进建议，这样的沟通方式能让团队更加和谐。"

说到这里，李乐引入了一个生动的例子："比如，我们在服装店试衣服，哪一句更能让你感觉到愉悦呢？是'请不要让你的妆容弄脏了我们的衣服'，还是'请不要让我们的衣服弄花了您的妆容'？"

"第二句。"大家几乎异口同声地说。李乐肯定道："非常好，当然是第二句，因为这句话给人一种更为体贴和尊重的态度，让人感受到被呵护的温暖。"

"此外，"他继续说，"在适当的场合下，保持幽默感，是化解尴尬、增进友谊的秘密武器。一个恰到好处的笑话，能让紧张的气氛瞬间变得轻松，让彼此的心灵更加贴近。"

"最后，但同样重要的是，"李乐的声音里充满了真诚，"表达感激与赞美，是人际交往中的润滑剂，不仅能让对方感受到被认可的喜悦，更能激发他们继续前行的动力。记住，赞美之词，如同甘露，滋养着每一个人。"

如何让对方接受自己的观点 ▶▶

"那么，如何让对方接受自己的观点呢？"李乐指着幻灯片上投出了几行字解释说，"美国演说家博恩·崔西提出了 PREP 法，这是一种有效的沟通和表达思想的方法。"

> - Point（观点）：明确表达一个观点或论点，让听众清楚你要表达什么。
> - Reason（原因）：提供支持观点的原因或理由，解释为什么你持有这个观点。
> - Example（例证）：通过实例或例证，使得论点更加具体和可信。
> - Point（观点）：再次强调观点或论点，确保听众理解和记忆。

说着，李乐故意停顿了一下，环视四周，确保每位听众的注意力都被吸引过来后，才继续深入讲解。

"首先，是'Point'，观点。这一步至关重要，它要求我们在开始时就清晰地阐述出自己的核心观点，让每个人一听就知道，我们要讨论的是什么，我们的立场是什么。"他轻轻点击鼠标，屏幕上出现了"明确表达观点"几个大字。

"紧接着，是'Reason'，原因。为什么我们持有这样的观点？这一点必须有理有据，让人信服。就像是建造一座大厦，原因就是我们坚实的基石，支撑着我们的论点，让它站得稳，立得直。"

"再往后，是'Example'，例证。正所谓'事实胜于雄辩'，通过具体的事例或数据来佐证我们的观点和原因，可以让论点变得更加生动、具体，也更容易被听众接受和理解。这就像是给大厦添上了窗户和装饰，让它不仅坚固，而且美观。"

"最后，回到'Point'，观点。但这一次的重复，是为了加深印象，确保我们的信息准确无误地传达给了每一个人。就像是在演讲结束时的一次总结，既是对自己观点的再次肯定，也是对听众的一次温柔提醒。"

李乐继续说道："PREP法适用于会议演讲、工作汇报、团队讨论、销售和推广。比如，我们要在季度会议上做一次工作汇报。谁可以来做一次示范呢？"

高颜自信地站起来，走到培训室的前面，面对同事们，开始了他的汇报：

Point（观点）：在过去的三个月中，我们团队成功实现了项目 A 的目标，并超出了预期的业绩。

Reason（原因）：我们之所以能够取得这样的成绩，主要是因为我们采用了新的项目管理方法，优化了工作流程，并且团队成员之间的协作更加紧密。

Example（例证）：例如，在项目 A 的第三阶段，我们通过引入敏捷开发模式，缩短了开发周期，提高了产品质量。具体来说，我们通过每日站会及时解决问题，并且通过持续集成减少了软件缺陷。

Point（观点）：因此，我相信我们的团队不仅能够完成当前的项目，而且还能在未来接受更大的挑战。

话音刚落，培训室响起了热烈的掌声。通过 PREP 法，高颜不仅清晰地传达了他的观点，还提供了有力的支持和具体的例子，同事们都纷纷称赞。高颜微笑着，向在场的每个人点头致谢。

社交五不问四不谈 ▶▶

墙上的时钟滴答作响，记录着时间的流逝。李乐正站在讲台前，同事们的目光都聚焦在李乐身上。

李乐打开幻灯片，继续说道："在沟通的过程中，我们也要尽量避开一些让人不愉快的话题，通常也被称为'社交五不问四不谈'。"

现在，请大家跟随我一起看看幻灯片，看看以下的情景是否正确。"

情景一：小李终于等来第一个月发工资，她兴奋地对坐在旁边的小王说："扣完社保，我就只有六千元了。小王，你进公司这么多年，工资有多少呢？"

"错误，小李不应该问别人的收入，特别是同事。HR 提醒过我们，不要在职场去谈论自己的收入，更不能问其他同事的收入。"子羽首先发言。

李乐称赞说："子羽说得对，不管是在职场中，还是在社交场合中，我们都不能问'你一年可以赚多少钱呀'。如果想打开话题，可以说'听起来你对这个行业很了解，你是怎么进入这个行业的呢？'"

情景二：有一次客户拜访中，面对优雅成熟的创业老板，小张忍不住问："老板娘，您太厉害了，有这么一家大公司。您几岁了呢？"

这时，张薇笑着抢答说："错误，不应该问年龄，特别是不能随便问女性的年龄。"

"看，女生都比较在意自己的年龄。"李乐逗趣说，现场也哄然大笑。"但是中国人在一起交流，尤其是熟悉之后，就喜欢比年龄比大小。但也建议大家在私下问，而且也要注意说话的技巧。比如说：'李老师，您的气质，我也想成为您这样的老师。我是1980年的，方便问您是哪年的吗？'这样的方法，先是透露自己的年龄，同时用欣赏的方式去请教，不会让对方难堪。最关键的是，只有你我二人，如果对方真的不想透露，也不会出现让第三方知道的尴尬。"

"那如果别人真的问我的年龄，我要不要告诉他呢？"张薇疑惑地问。

李乐笑笑说："虽然我们不乱问别人的年龄，但如果被客户或者领导问我们是哪年的，我们也不要觉得奇怪或者认为对方没有礼貌，多数情况下是长辈关心晚辈。如果真的不想透露，就可以用'我是90后'这种方式礼貌地回应，不必过于较真。"

张薇高兴地说："懂了，又学到了一招。"

情景三：小庄有一个习惯，碰到很久没见的朋友，都喜欢问一句："你最近身体怎么样？"

"哎呀，我不喜欢别人这样问我。在2020年的特殊时期，总是有朋友问我这句话，我就特别反感，感觉我不生个病都不正常一样。"刘子渊激动地说，大家也跟着大笑了起来。

"是的，中国人喜欢关心对方最近身体好不好，尤其是关心老人家，但是健康也属于隐私，不建议主动关心对方身体状况。"李乐停顿了一下，继续说："但如果你发现客户手上打着绷带，这种情况下，主动关心对方的健康状况是应该的。"

情景四：小红在一个社交场合偶遇了大学同学小叶。

激动之余，问对方："小叶，你结婚了吗？"

黄子正回答说："这也不太合适吧，现在离婚率这么高，万一对方回答说'我刚离'也是非常尴尬的事情。如果要判断对方的婚姻状况，可以看对方手上是否佩戴了婚戒。"大家被子正的话逗笑了。

李乐接着说："的确是的。如果对方主动说：'我最近刚刚结婚''最近刚刚生孩子''最近刚办完离婚手续'等话题，我们可以适当关心，也不需要展开追问。来看最后一个情景。"

情景五：有一天，小张看到小罗开了一辆进口车，回到公司以后，问他："你是富二代吧，竟然有一辆这么高档的车。你爸爸是做什么的呢？"

"相信大家都知道答案了，不管在什么场合，我们都不要随便打听对方学历、家庭情况、有几套房等与自己无关的话题，更不要主动打听对方的个人经历。"李乐故意停顿了一下，笑笑说，"最好也不要问体重，特别是女生。"

话音刚落，培训室里响起了一片会心的笑声。待笑声渐渐平息，坐在前排的李明，举手提问："李老师，刚才提到的是五不问吧，那四不谈是指什么呢？"

李乐解释道："刚才我们看到的五个情景，是指五不问，分别是：不问收入、不问年龄、不问健康、不问婚姻，以及不问经历。那四不谈是什么呢？具体来说，'四不谈'指的是：不谈政治，因为政治观点往往因人而异，容易引起争议；不谈宗教，宗教信仰是每个人的精神寄托，应予以尊重；不谈敏感话题，这包括但不限于社会上的负面新闻、未经证实的谣言等，以免引发不必要的争执；最后，不非议他人，背后议论他人不仅缺乏修养，也会损害自己的形象。"李乐一边讲解，一边观察着大家的反应，确保每个人都能理解并接受这些建议。

此刻的培训室里，更多了一份对人际交往深刻理解的温暖。

04 ｜ 语之果：双赢的语言沟通艺术

经过午休后，大家又陆续回到了培训室，空气中弥漫着淡淡的咖啡香，李乐早已站在讲台前。

"上午，我们一起探讨了语之根、语之叶和语之花，接下来，我们要讲的是语之果。"李乐在讲台上依然激情澎湃，脸上的笑容仿佛能驱散午后的倦意。

如何激怒客户 ▶▶

"语之果，其实就是沟通的最终目标——达成双赢。但是，在实际的沟通过程中，我们常常会触碰到对方的底线，甚至引发投诉。"李乐继续问："有养宠物的同事吗？我想邀请三位同事上来做一个角色扮演。"

何子夏敏捷的反应，抢先举手说："我！我养了一只可爱的小狗。"李乐见状，向她点了点头，示意她上台扮演女主人公，另外还挑选了文静的前台姑娘方子羽扮演前台收银员，黄子正作为旁白。

旁白：在一家宠物医院内，小何的心情如同过山车一般起伏不定。她带着自己的拉布拉多豆豆来到这家医院进行绝育手术。没承想，却发生了一件意想不到的事情：在豆豆做完绝育手术后一小时，医生告知小何，医生将止血钳忘在豆豆的腹腔里。小何赶紧又把豆豆送进手术室。万幸的是，止血钳安全取出，没有对豆豆造成更大的伤害。但小何的心情仍然无法完全平静，她来台前台，对收银员提出了自己的疑问。

小何："我想问一下，止血钳的事故，难道只有医生来道个歉吗？医院领导就没有任何表示吗？"

收银员："您看一下，第二次手术费没有加上去的！"

小何："你的意思是，没有收第二次手术费，就是对这次事故的合理解释？难道我应该为医生的错来支付第二次的手术费？"

收银员："您别生气。之前有一位医生也曾经出现过类似的事情，我们也是免了第二次的手术费的。"

小何："所以，是我无理取闹啰？"

收银员："我不是这个意思，我们都是讲道理的人嘛。"

小何瞬间暴怒……

随着角色扮演的结束，培训室内响起了热烈的掌声。

李乐站在讲台上，面带微笑，对大家的表现给予了高度评价："三位同事表现得非常好，小何的表演非常到位，把暴怒的情绪展现得淋漓尽致，让在场的每一个人都感受到了她的情绪。"

随后，他转向所有人，宣布了接下来的环节："接下来，我们将进行分组讨论。每个小组围绕一个主题进行深入探讨，15分钟后，各组派一位成员上来陈述你们的观点。现在，请组长上来抽签。"

话音刚落，组长们纷纷起身，带着一丝期待与紧张走向台前。李乐拿出提前准备的四个信封，每个信封内都藏着一个待解的主题。组长们逐一上前，随机抽取了各自小组的讨论题目。

"第一组，为什么会产生冲突和投诉；第二组，如何确保对话不发生冲突；第三组，如何平息客户的愤怒情绪；最后一组，投诉应对与处理步骤。"李乐逐一揭晓了题目，组长们迅速回到自己的小组，召集组员开始讨论。

培训室内的气氛立刻活跃起来，每个小组都围坐在一起，热烈地讨论着，力求在有限的时间内形成一个完整的观点。

15分钟的时间转瞬即逝，李乐再次站到讲台上，他拍了拍手，吸引了大家的注意："时间到，请各组准备派代表上台分享你们的讨论成果。"

为什么会产生冲突和投诉？▶▶

第一组的代表是黄子正，他拿着写满字的大白纸自信地走上讲台，开始陈述他们的观点。

根据提供的情节，产生冲突和投诉的原因可以从以下几个方面进行分析：

①缺乏同理心。

收银员在回应小何的疑问时，缺乏同理心，没有关注到小何的情绪，没有及时给予情感上的支持和安慰，而是立即讨论费用问题。

②沟通不当。

当小何提出"医院领导就没有任何表示"时，收银员的回答没有体现出医院对于事件的重视和解决问题的积极态度，让小何感觉医院在回避责任。

③处理结果与期望值产生落差。

小何期望得到的是院方真诚的道歉，而不仅仅是经济上的补偿以及医生本人的道歉。当期望未能得到满足时，客户可能会感到失望和愤怒。

④情绪管理不足。

在对话过程中，收银员可能没有有效地平息小何的情绪，反而因为某些言辞加剧了小何的不满和愤怒。

这些因素综合在一起，导致了小何与收银员之间的冲突，最后升级到投诉。

黄子正说完，向大家鞠了个躬，然后回到座位上。

"第一组总结得非常好，掌声鼓励。"李乐带头鼓起掌来，"所以，我们在工作中，必须认真对待投诉。因为投诉可以指出或暴露我们工作的缺陷，是对方给我们改进的机会；如果处理妥当，会得到对方的理解和原谅，甚至好感，有助于建立对方长期稳定的信赖。"

如何确保对话不发生冲突 ▶▶

第二组的代表是罗子骞，他带着一点羞涩，走上讲台。

其实，只要我们注意说话的方式，可以尽量避免冲突。

①保持尊重。

对方在表达的过程中，多给予眼神和语言的认可，比如：对的、是的、没错、挺好、您说得对等。如果有不一样意见的时候，使用"认可＋补充"的表达方式。比如，我觉得你做得太棒了，如果在客户服务方面再提升一下就更好了。

②强调共同目的。

当发现对方有冷漠或冲突的苗头时，要及时给予回应，并强调共同目的。可以用"我不是……我是……"的表达方式。比如，我不是要来找你吵架的，而是想来和您商量这件事情的解决方法。

③用道歉缓解误会。

在明显看到对方有不满情绪时，比如对方说："你说什么呢？是我们的问题吗？难道你就没有反思？"建议用道歉的态度来避免矛盾的激化。比如："我不知道是不是我表达有误……""上次确实是因为我们部门没有及时反馈导致的……"

"感谢罗子骞，讲得非常好，还举了很多例子来说明，让我们更好地理解。"李乐称赞道，随后培训室响起了热烈的掌声。

如何平息客户的愤怒情绪 ▶▶

第三组的代表秦子疆站了起来，准备分享他们小组的讨论成果。他清了清嗓子，环视了一圈，确保所有人的注意力都集中在他身上。

谈谈在面对冲突时，我们应当如何有效应对，以避免事态升级。首先，有几个需要严格禁止的行为：

①禁止讲道理或辩论。

在对方情绪激动时，没有人听得进去大道理。我们应该先安抚情绪，而不是急于辩解。

②告知对方"这是常有的事"。

轻描淡写地说'这是常有的事'，无异于在曝光自己能力不足，或是公司流程存在常态化的不足，会让客户感到被轻视。

③推卸责任或转嫁责任。

比如说："这不属于我管、你去问问其他人……"这会激起投诉者更大的怒气！

④使用过多的专用术语。

特指一些跨行业、年龄跨度大的专业术语。如果不能清楚解释，将会引起客户更大的情绪。

⑤一味道歉或盲目承诺。

这样只会让对方感觉这件事情处理不了，或让对方感觉你的能力不足。

其次，给大家推荐一个冲突处理的三变法则。

①换地点。

在对方激动的当下，尽量换一个更私密、安静的环境，让对方坐下来，避免扰乱其他同事或客户，安静的房间可以让人心里平静。比如说："我们换个安静的房间坐下来慢慢谈，这样您也能更舒服地表达您的意见。"千万不要说："别生气，别生气。"

②换人物。

如果问题复杂，不能平息对方怒火，就要及时向同事或领导寻找帮助，让对方感受到全体人员的重视。比如说："对于这个问题，我请我的上级直接与您沟通，以确保您的需求得到最妥善的处理。"

③换时间。

如果当下实在没有办法及时处理问题，我们要学会用商量的语气提出延期。比如说："我们已经尽全力在处理，但为了确保给您一个满意的答复，我们需要更多时间进行详细调查。下周二，我亲自向您汇报进展。您看，这样可以吗？"

让对方知道我们努力了，用商量的口吻去询问，而不是用直白的语言去通知"下周二给你答复！"这样冰冷的话语容易再次激怒对方。

秦子疆的讲解结束后，会议室里响起了热烈的掌声。大家纷纷点头，意识到在冲突处理中，不仅要有策略，更要有温度。

投诉应对与处理步骤 ▶▶

随着李乐清晰有力的声音落下，第四组的代表李明已经迫不及待地站起来走上讲台。

投诉应对与处理步骤，是我们必须掌握的重要技能。具体的步骤如下：

一谢：感谢客户给我们指出不足，用开放的态度，让对方知道任何意见和建议都会被重视。

二谦：及时进行道歉"对不起"。表示同理心，无论是不是我们的错，都可以用"对不起，让您失望了！"来共情，让对方感受到我们的温暖和善意。

三听：认真倾听和记录投诉内容。及时进入主题，让对方感受到我们的效率。认真聆听和记录对方不满的内容，有必要时候需要询问确认，避免反复打断对方。

四办：快速、完整地进行办理。确认投诉信息后及时进行处理，并在第一时间告知对方行动计划，汇报、请示、处理、反馈，让对方感受到我们的专业和态度。

李乐回到讲台中央，说道："感谢李明的分享，让我们如何了解如何通过四个步骤来提升我们的服务质量。四个小组的发言都非常精彩，也很有价值，相信大家通过讨论，能更深入地了解有效沟通的重要性。热烈的掌声送给自己吧。"

李乐打开幻灯片，继续说道："正如大家所言，要想达到双赢的沟通结果，需要做到以下三点。"

- 营造良好的沟通氛围；
- 建立积极的沟通态度；
- 控制情绪。

"首先得营造一个良好的沟通氛围。这不仅仅是物理环境上的舒适，更是心理上的一种安全感，让客户愿意敞开心扉，与我们分享他们的需求与不满。

"其次，建立积极的沟通态度至关重要。我们要以开放的心态去倾听，以真诚的态度去回应，让客户感受到我们的重视与尊重。只有这样，我们才能更好地理解他们的需求，从而提供更加贴心、个性化的服务。

"当然，控制情绪也是不可或缺的一环。在面对客户的抱怨或不满时，我们或许会感到压力倍增，但正是这个时候，我们需要更加冷静、理智地去应对。记住，情绪化的反应往往只会加剧矛盾，而理性的沟通才是解决问题的关键。"

李乐转身面向大家："这些技巧不仅适用于客户服务，也适用于我们日常生活的各个方面。良好的沟通能力可以帮助我们建立更强的关系，并在各种情况下取得更好的结果。"话音刚落，会议室里响起了热烈的掌声。

05 | "语"林大会：互联网沟通那些事

来到最后一个"语"林大会环节，大家都异常兴奋。趁着休息时间，李乐特地让大家帮忙把桌子撤掉，椅子摆成剧院式。

当一切准备就绪，李乐站在讲台上微笑着说：终于等来了这个让人期待的时刻。接下来，我们有四位同事要上台，吐槽一下互联网沟通的那些事。现在，请用热烈的掌声欢迎第一位上场的周祈。

微信沟通的"社死场景" ▶▶

所有的目光都聚焦在舞台中央，周祈略显紧张，手里还攥着一张纸条，尴尬地笑了笑，深吸一口气，然后开始了演讲。

各位下午好，今天我们来聊聊微信，这个让我们又爱又恨的"社交黑洞"。

自从有了微信，我感觉和朋友们的关系更近了，但也更"紧"了。因为我们可以随时随地联系，听起来很美好，但有时候，有一种随时待命的感觉。

记得以前用QQ的时候，有一个隐身的功能，所以，我们打招呼都习惯问一句："在吗？"现在微信上，我发现很多人也改不了这个习惯，没有称呼，上来就是两个字"在吗"。你说，我回"在呢"还是"不在"呢？要不回吧，感觉没有人情味。

有一次，一位好多年不联系的同学，突然给我发了这两个字。我一看，老同学嘛，还是得回一下，结果，他来一句："能借我两万元吗？"我心想说，这剧情转变太快，我还没准备好。

再说说微信表情包。你们知道吗？以前在QQ里常用的那个不露牙齿的"微笑"表情包，在年轻人的世界里，有了新的含义——他们认为这是假笑，不真诚。如果还用这个表情，就会被嘲笑是老古董。

有时候正在聊天，突然就发了一堆表情包。你以为人家跟你玩斗图？人家是告诉你"这话题聊不下去了"，双方心照不宣，各自撤退就好，就像回复了"呵呵"一样。如果还要纠缠，就是不懂事了。

我最受不了的就是语音轰炸。有些人，发语音像机关枪一样，一发就是60秒，还发一长串。我就想问，这是在考验我的耐心吗？有时候，我在开会，微信就不停地在响，简直比老板的突然提问还要吓人！

我相信你们都有收到过这样的信息："帮我点个赞吧！""给我的娃投个票吧！"这一看就是群发的信息。很好的朋友，也就算了，毕竟也没几个好朋友，但是，发送这些信息的人，几乎都是不太熟悉的，感觉自己就快成了专业点赞、投票机器了。

好了，我就吐槽就到这里，希望大家在微信的世界里，能够找到属于自己的一片净土，不要让微信成为我们的"社交牢笼"。谢谢大家。

培训室里的笑声，此起彼伏。周祈的脸上露出了释然的微笑。

李乐走到讲台前，接过话筒："周祈真的讲出了我们的心声。以后，我们在使用微信的时候，也要避免出现这些情况。"然后转向周祈问，"周祈，我想问问，在加好友的时候，谁来扫一扫呢？"

周祈思考了一下，说："后辈来扫吧，这样也显示尊重。"

"没错，一般情况下，长辈出示二维码，后辈来扫一扫。"李乐补充道，"但是，也要灵活处理。比如，遇到不太会用手机的老人家，你坚持扫一扫，结果老人家拿出了收款码就尴尬了。所以，要根据实际情况，以让对方更方便为前提。礼仪的最高境界是让对方感到舒服和方便。"

"加了微信以后，可以适当地做自我介绍，但要注意言简意赅、简明扼要，也不需要像邮件一样长篇大论，或者用严苛的格式规范。一般先称呼和问候，再做简单的自我介绍，表达意愿后留下联系方式。比如：黄总，您好！我是环球礼仪商学院，负责培训项目的李乐。认识您是我的荣幸，希望以后可以多向您请教学习！联系方式：138×××××888。"

"接下来，掌声有请杨子明。他要吐槽的是工作群聊的那些事。"李乐向旁边一站，伸出手，示意杨子明上台。

工作群聊的"无奈瞬间" ▶▶

杨子明上台接过李乐的麦克风，甩了甩头发，显得轻松自信。场下的同事也被他逗笑了。

大家好，我们来聊聊工作群聊的事情。我先说明，这都是在网上看的段子，如有雷同，纯属巧合，大家不要对号入座。

都说是工作群，最怕就是有人动不动就在群里"拉仇恨"。说什么"今天和客户开会,他们说我上次提出的想法很有效。哎呀,他们不说,我都快忘了。"还有人说,"我真的不喜欢上台,但是每次他们都要我分享经验。"

还有人更绝,晚上十点之后,在群里发消息,说:"刚刚又搞定了一位大客户,原来我们是同学,我打了个招呼就搞定了。"然后发了张干杯的合照。老板要是看到了,就会说:"你们看看人家,这么晚了还在见客户。"这样还让不让我们睡觉呢?

在群里聊私事这是我很不明白的。难道就不会私信吗?有时候还在群里吵起来,这叫一个尴尬。我们这些吃瓜群众,劝吧,显得多管闲事;不劝吧,又觉得没有人情味。

作为打工人,当领导下达的工作指令的时候,还是要及时回复,即使是"收到"两个字,也好过一声不吭,当"隐身人"。总有些人,平时不见人,点红包倒是最快的,我都怀疑是不是有抢红包的工具。如果每次抢完红包就消失了,就像人家笑着伸手来想跟你握个手,你瞅了一眼转身就走一样。

在工作群里抢红包,怎样才显得更高级呢?人家发红包,一定是分享好消息,所以,我们抢完红包以后,不妨感谢或者祝贺一下,这样才可以做朋友嘛。更讲究一点的,就是有来有往,抢完以后再发一个出来,单独给个人或者众乐乐都可以。这才是职场社交的正确打开方式嘛!

好了,各位,今天的吐槽就到这里。

培训室里掌声雷动。李乐边鼓掌边走到讲台,接过话筒说:"看来,杨子明是讲到大家心里去了。"

等大家回过神以后,继续说,"工作群是为了提高工作效率,促进团队协作，当然，也是可以增进相互之间的感情，但，还是要注意分寸，做一个人见人爱的打工人。"

朋友圈的"爱恨情仇" ▶▶

随着大家的掌声，刘子渊跑上了讲台，开始演讲。

各位朋友们，下午好！微信朋友圈真的是让我们又爱又恨。

首先，"分组"这个功能听起来挺科学的，因为朋友圈有亲朋好友、客户、领导，甚至还有竞争对手，分组可以让我们少一些烦恼，简直就是我们的救星。但是，也有尴尬的时候，我以为已经把所有领导都分好组了，谁知道漏分了一位领导。有一次，我在朋友圈里发泄了一下情绪，第二天，领导就找我，一脸关切地问我是不是失恋了。

有些朋友还设置了"三天可见"。这个功能听起来很酷，但是，很多人都不会天天发朋友圈，所以，每次我想看看朋友们的近况，点开一看，只剩一条横线。要不是我们还有聊天，我以为他把我拉黑了。

不过，有些人，我倒真的想屏蔽他们。晒娃和晒宠物倒也可以接受，我知道每个家长和宠物主人都觉得自己的宝宝最可爱，但有些人天天转发各种鸡汤，或者一天发上十条广告。朋友圈成了他们的个人直播间。

现在都说要建人设，所以，好好经营自己的朋友圈也是一种能力。比如，可以发一下最近自己交流学习的心得、新发现有趣的事物、个人爱好等。如果朋友圈比较多客户，还可以发发员工活动、公司动态、新产品信息或者行业新闻，尽量树立积极正面的人设。

"老板临时给了我一个重要的项目，今晚又得加班了。"然后附上一张办公室夜景的照片。除非有分组，不然这样也不讨喜。当然，偶尔开开玩笑吐个槽很正常，但如果是常态，难免会让他人厌烦。

好了，今天的吐槽就到这里，谢谢大家。

台下再次爆发出一阵热烈的掌声和笑声。李乐走上讲台，笑着说："是不是说出了你们的心声？"方子羽说："太真实了，我朋友圈里就有人天天发鸡汤，我都想说'这鸡汤我干了，你随意'。"

李乐继续说道："最后上场的是张薇，这次演讲的唯一一位女生，我和大家一样特别期待。请用热烈的掌声欢迎张薇。"随着李乐的话音落下，大家再次报以热烈的掌声。

网络会议的"奇葩大赏" ▶▶

张薇清了清嗓子，开始了她的表演。

相信大家在短视频里都有看过，有些人西装革履地在开视频会议，镜头扫下来，却是穿着睡裤。当然，这是在特殊时期，大家在家办公的景象。随着互联网的发展，网络会议的普及越来越广，但也因此出现了很多奇葩事件。

一般情况下，网络会议，我们都要打开摄像头，特别是有领导或者客户的场合，这是对对方表示尊重。当然，良好的形象也是必要的。如果在家里开网络会议，建议还是选择安静的区域，或者摄影头不容易拍摄到大范围的地方。我在视频里看过，一位男士正在开网络会议，太太穿着性感睡衣经过镜头。顿时，群里就炸开了锅。我也见过有人只露半张脸，或者摄影头朝向天花板的。

不发言时，自己的话筒最好静音。有人忘记关麦克风了，狗叫声、孩子的哭声或者打闹声，甚至还有嗑瓜子的声音。领导正在发言呢，你在那边倒也开起了家庭会议，这确实不太合适。有一次，会议中突然传来一阵响亮的鼾声，原来是某位同事不小心睡着了。

当然，如果是会议发起方，一定要提前做好测试，比如视频和音频是否正确，光线和环境是否合适。之前有一个电视节目，他们在开会讨论事情，结果其中一个人的网络信号非常不好，一讲到重点就卡顿，可以大家急坏了，不得不吐槽说："你家的网络是不是跟你有仇，一直不想让你把话说完？"更绝的是，有些人的画面定格在他张大嘴巴的瞬间。你说社死不社死？

好了，我就吐槽就到这里。希望大家都不会出现这些"奇葩事"。谢谢大家。

会场内响起了一片热烈的掌声，夹杂着几声由衷的赞叹。李乐快步走到讲台上，接过张薇的麦克风说："感谢张薇。也请大家把掌声再次送给四位演讲者，真的太棒了。"

一阵掌声后，他继续说道："在互联网时代，我们多了很多的沟通渠道，但是最理想的沟通是面对面，不仅能看到对方的状态，还能准确了解对方的信息。当然，沟通成本相对较高。最高效的沟通是电话和视频，而且沟通成本相对较低，可以一对多人同时进行，非常适合快速传递信息和讨论。"

"最便于信息确认的沟通是邮件，在经过深思熟虑以后再发表，可以一对多，便于资料归纳整理、回顾。但冰冷的文字有时无法完全传达我们的情感。最便捷的沟通是微信。它可以随时随地，但是不够正式，有时无法提高对方的重视程度。"

"所以，大家要根据自己工作实际情况选择合适的沟通渠道。为了达到信息的充分传递，能当面沟通的，尽量不要电话；能电话沟通的，不用短信、网络即时通讯工具或邮件。同时，为了保持必要的书面凭证，除了面对面沟通或电话沟通之外，要辅以书面文件或邮件以作为重要的沟通证明。"

李乐的补充得到了观众们的认可，他们认真地点头，显然这些实用的建议对他们来说非常有价值。"最后，再次感谢大家的到来，今天的培训就到此结束。祝大家工作顺利，生活愉快！"

台下再次响起了热烈的掌声。

心态管理

WORKPLACE
ETIQUETTE

01 自我探索与性格测试
02 自我定位与职业发展
03 塑造积极的阳光心态

在繁忙而复杂的职场生涯中，每一位职场人士都渴望在激烈的竞争中脱颖而出，实现个人价值与企业目标的双赢。然而，这并非易事，它要求我们不仅要具备扎实的专业技能和敏锐的市场洞察力，更需拥有一颗充满阳光的心态。阳光心态管理，正是那把开启职场成功之门的隐形钥匙。

好心态在职场礼仪中彰显力量，助力自信专业与人际和谐

礼仪不仅是外在行为的规范，更是内在素养的体现。而心态管理，作为职场礼仪中不可或缺的一环，其重要性往往被忽视。为何要在职场礼仪中进行心态管理？这不仅关乎个人职业形象的塑造，更是提升工作效率、促进团队协作、实现职业发展的内在动力。

（1）心态决定行为，塑造专业形象

心态，是行为的先导。在职场中，一个积极、乐观的心态能够促使我们以更加饱满的热情投入到工作中，展现出专业而自信的形象。相反，消极、抱怨的心态则容易让人陷入负面情绪，影响工作效率与团队协作，甚至损害个人职业形象。因此，在职场礼仪中进行心态管理，是塑造专业形象、赢得他人尊重与信任的内在基础。

（2）提升情绪管理能力，保持职场冷静

职场中，压力与挑战如影随形。面对繁重的工作任务、复杂的人际关系，如何保持冷静与理智，成为考验职场人心态管理能力的重要一课。通过心态管理，我们能够学会如何有效调节情绪，避免情绪失控导致的冲动行为。这不仅有助于维护个人职业形象，更能够在关键时刻做出明智决策，助力职业发展。

（3）增强抗压能力，迎接职场挑战

职场之路，从来不是一帆风顺。面对挫折与失败，一个坚韧不拔的心态是支撑我们继续前行的力量源泉。通过心态管理，我们能够培养起强大的抗压能力，以更加积极的心态面对职场中的种种挑战。这种不屈不挠的精神，不仅能够帮助我们克服困难，更能够在逆境中寻找机遇，实现职业生涯的华丽转身。

（4）促进团队协作，营造和谐氛围

职场中，团队协作是取得成功的关键。一个懂得心态管理的职场人，能够更好地理解他人、包容差异，以更加开放的心态与同事沟通交流。这种积极的心态不仅能够促进团队协作的顺畅进行，更能够营造出一个和谐、融洽的职场氛围，让每个人都能在愉悦的环境中发挥最佳状态。

（5）助力职业发展，实现个人价值

心态管理不仅关乎职场中的日常表现，更是影响职业发展的长远因素。一个拥有积极心态的职场人，能够持续学习、不断进步，以更加饱满的热情和坚定的信念追求职业梦想。这种积极向上的态度，不仅能够助力我们在职场中脱颖而出，更能够实现个人价值的最大化，让职业生涯更加精彩纷呈。

职场礼仪心态管理全指南，塑造卓越心态，成就人生价值

职场礼仪心态管理是一个涉及多个层面的复杂系统。通过综合运用多个经典理论以及现代心理学的研究成果，我们可以更好地认识自我、理解他人、平衡生活、提升技能、塑造积极心态，从而在职场中脱颖而出，成就卓越的职业形象与人生价值。

（1）自我探索与性格测试

乔哈里视窗理论揭示了人际交往中的信息沟通模式，通过区分"公开区""盲点区""隐秘区"和"未知区"，帮助我们认识自我与他人的认知差异。在职场中，运用乔哈里视窗可以增进彼此了解，减少误解与冲突，促进更加开放、坦诚的沟通氛围。

FPA性格色彩理论将人的性格划分为红、蓝、黄、绿四种类型，每种类型都有其独特的优点与局限。了解并尊重同事的性格差异，能够让我们在团队合作中更加得心应手，减少摩擦，提升团队协作效率。

（2）自我定位与职业发展

清晰的自我定位是职业发展的基石。通过深入分析自己的兴趣、优势与价值观，结合职业市场的趋势与机遇，我们可以制定更加科学合理的职业规划。同时，持续学习与成长，不断拓宽知识边界与技能储备，是通往职业成功的重要途径。

"爱乐工健"仪表盘是斯坦福大学人生设计实验室的创始人比尔·博内特和戴夫·伊万斯在《人生设计课》中提出的工具，它为我们提供了一个评估生活质量的全面框架。爱（Love）、乐（Play）、工（Work）、健（Health）四个维度相互关联，共同构成了幸福生活的基石。在职场中，关注这四个方面的平衡与发展，有助于我们提升整体幸福感与职业满意度。

一万小时定律强调了持续努力与专注投入对于技能提升与职业成功的重要性。在职场中，无论身处哪个领域，都需要我们投入大量的时间与精力去学习与实践。只有经过长时间的积累与沉淀，我们才能从平凡走向卓越。

（3）塑造积极的阳光心态

积极的心态是职场成功的关键。与消极心态相比，积极心态能够让我们更加乐观地面对挑战与困难，激发内在潜能与创造力。通过培养感恩、乐观、自信等积极心态特质，我们能够更好地应对职场压力与变化，实现个人价值的最大化。

情绪 ABC 理论为我们提供了一种全新的情绪管理视角。A 代表诱发事件（Activating Event），B 代表信念（Belief），C 代表情绪及行为后果（Consequence）。通过调整我们对事件的信念与解释方式（B），我们可以改变由此产生的情绪及行为后果（C）。在职场中，运用情绪 ABC 理论进行情绪管理，有助于我们更加理性地应对挑战与困境。

转变心态并非一蹴而就，但掌握一定的秘诀可以让我们更加轻松地实现这一目标。如积极自我暗示、寻求社会支持、培养兴趣爱好等。通过这些方法，我们可以逐渐调整自己的心态模式，从消极走向积极，从悲观走向乐观。

01 ｜ 自我探索与性格测试

在一间宽敞明亮的会议室里，阳光透过百叶窗洒在整洁的桌面上，任老师和团队成员围坐在一张大圆桌旁。随着李乐和夏伊两位新成员的加入，这个团队已经从原来的三人增加到现在的五人。经过三个月的并肩作战，大家的配合越来越默契，团队氛围也日益融洽。

作为团队的领导者，任老师深知在快速变化的工作环境中，个人成长与团队的凝聚力同样重要。眼看年中总结的脚步日益临近，她决定举办一次别开生面的团队建设活动，旨在帮助每位成员更深入地认识自我，明确职业方向，同时促进彼此间的理解和信任。

乔哈里视窗 ▶▶

任老师站在白板前，声音坚定且温和地说："首先，恭喜李乐和夏伊通过了试用期，正式成为我们团队中的一员。"她的话语中透露出对两位新成员的认可和期待。会议室里响起了热烈的掌声，同事们热情地看着李乐和夏伊，他们的眼神中充满了欢迎和友好。李乐和夏伊相视一笑，脸上洋溢着自豪和感激。

"在过去的三个月里，两位同事在工作中表现非常优秀，为团队贡献了自己的力量。"任老师继续说道，她的目光在李乐和夏伊身上停留了一会儿，然后转向整个团队，"希望在未来的工作中，我们继续发挥个人的优势，帮助培训部和公司发展壮大。这也是我们这次团队建设的主要目的。希望这次活动能帮助团队成员更好地了解自己，促进团队的和谐与发展。"

"在你们入职的时候，我有让大家写过SWOT的分析，对吗？"任老师提醒道，"这次，我希望大家能静下心来，一起来探索'真实的我'与'理想中的我'之间的差距。"她转身，一边说一边在白板上列出表格，写下几个词：性格、学习能力、工作能力和人际关系，"然后，我们再相互交换表格，在对方的'别人眼中的我'中写下自己的看法，帮助我们从多角度认识自己。"

随着任老师的指示，大家开始在A4纸上写起来。会议室响起了笔尖在纸上滑动的唰唰声，每个人都在认真地思考和填写。大家完成自己的表格后，互相交换，继续书写。他们的眼神中透露出期待和好奇，想要了解同事眼中的自己。

当大家放下笔以后，任老师说："大家看看'真实的我''理想中的我'和'别人眼中的我'是不是一样的呢？"

培训经理王子若、培训主管李乐、培训助理张路和夏伊，有的点头认同，有的陷入深思，有的则露出了会心的微笑。

"的确是这样的，我们对于自己的认识是一个不断探索的过程，心理学上有一个理论叫'乔哈里视窗'。这个理论最初是由乔瑟夫和哈里在20世纪50年代提出的，可以通过自己与他人对自己的认知来帮助我们客观看待真实的自我。"任老师补充说道，同时在白板上画了一个"十字"，然后在左上角写上"公开区"，右上角写上"盲区"，右下角写上"未知区"，最后在左下角写上"隐藏区"（如图6-1所示）。

"公开区是指自己知道、别人也知道的信息。"任老师指着白板上的"公开区"继续说道，"它代表了自己的认知和他人认知一致的地方。比如，我自认为是个贴心的人，如果别人也这样认为，那么，贴心就是我的公开信息。公开区里大部分信息大多是积极和客观的，

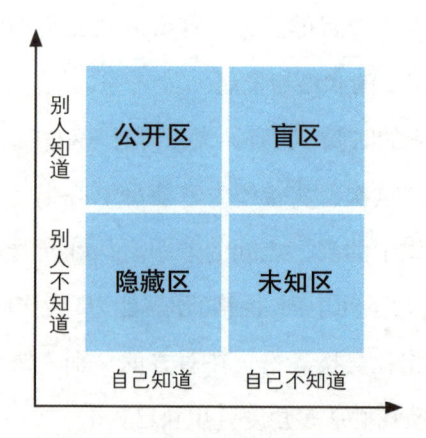

图 6-1　乔哈里视窗示意图

但是，公开区具有相对性，边界并非绝对，有些信息对于某人来说是公开的，而对于另一些人来说可能是隐秘的。"

"盲区是指自己不知道、别人却可能知道的信息。"她指向白板上的"盲区"说，"自己看不到自己的优劣势，别人却是一目了然。所以，如果一个人不愿意倾听别人的反馈，他的盲区就有可能越来越大。当然，盲区不一定全部是缺点，也可能隐藏着连自己都不曾发现的闪光点。因此，只有不断地缩小自己的盲区，才是更好地走向成功。"

任老师转向白板上的"隐藏区"，继续说道："隐藏区是指自己知道、别人却可能不知道的秘密。这是一个对外封闭的区域，包括个人的思想、感受和经验等。隐藏区的开放程度由自己控制，可以根据对象的不同来调整自己隐藏区的大小。"

张路疑惑地问："任老师，这么说来，我们每个人都需要有一定的隐藏区？"

任老师点头赞同："是的，即使是最真诚的人，也需要有一定的隐藏区。一个完全没有隐藏区的人也是一种心智不够成熟的表现。"

最后，她指向白板上的"未知区"解释说："未知区是指自己和别人都不知道的信息，是一个充满无限可能的领域，包括个人未曾觉察的潜能，或压抑下来的记忆和经验等，是尚待挖掘的黑洞。人的潜能得到挖掘和发挥，对自我的认识也越深入。"

"我们再看看刚才填写的表格，'别人眼中的我'是公开区、盲区还是未知区呢？"任老师停顿了一下，目光扫过大家刚刚完成的表格，然后提出了一个引人深思的问题，"那我们怎样才能利用这个理论来进行更好地成长和改变呢？大家思考一下。"

王子若首先发言："公开区越大，说明大家对自己越了解，这样越能在工作和人际关系上获得支持和信任。所以，如果要扩大公开区，就要勇于向人表露内心想法和情感，乐于接受别人回馈，并且从中学习和反省。"

李乐接着说："刚才任老师提到，盲区不一定是缺点，有可能是我们自己都没有发现的优点。比如，突然有人夸你很细心，你的反应是什么呢？一种是'我一点也不细心，反而很粗心，所以，我一直觉得自己很差劲。'一种是'你是第一个说我细心的人，看来我不是绝对的粗心啊！谢谢你让我看到另一面的自己。'如果我们把焦点聚集在认同的方向，我们会有意外的惊喜；如果我们聚焦于对自己不认同上，容易受到打击和不自信，甚至封闭。所以，我们要学会聚焦方向，问题是问题，我们是我们，我们不等于我们的问题。"

夏伊的声音柔和而坚定："如果我们所有的信息，都没有其他人知道，说明我们的内心是封闭的。所以，如果想扩大隐藏区，我们要学会向内一层一层拨开，主动分享，主动告诉别人自己能够做什么，这样才能完全打开。"

"每一个人要尽可能缩小自己的未知区，"张路的声音带着一丝兴奋，"只有当我们勇敢地迈出步伐，去尝试、去学习、去体验，那些未知的力量才会逐渐显露，我们才能看到一个更加完整、更加深刻的自我。"

听着大家的讨论，任老师露出了满意的微笑："看来大家都掌握得很好。公开区、隐藏区和未知区是我们目前已知的自己，这三个区域构成了自我的一亩三分地，而更大的未知区才是我们需要开拓的新天地。自己身上还有很多未察觉的潜能，只要能勇于向内探索，给予学习体验成长的机会，就会看到一个不一样的自己。"

"乔哈里视窗是个有趣的理论，通过这个理论，我们得知每一个人都不是静止、被评价固化了的个体，而是动态流动的，是随时可以通过自我与他人之间的互动调整来进行改善的。同时，我们也应该看到，不论是自我的还是他人的评价，都是为了更好认识自己的工具。"

FPA 性格色彩理论 ▶▶

为了让大家更好地了解自己的性格，任老师提前让大家完成了一套关于 FPA（Four-colors Personality Analysis）性格色彩的测试题。

"昨天，大家已经完成了 FPA 的测试，现在，我们一起来揭开这张神秘的面纱。请大家来分享一下自己的结果吧。"她的声音柔和而充满鼓励。

李乐第一个响应，眼中闪烁着兴奋的光芒："哈哈，我是红色！"

"红色，确实如同你给人的感觉一样，充满活力与热情。红色代表活泼，开放的、直接的、快节奏，会自发地行动和做出决策；而且很有创意，思维敏捷，对组织活动充满兴趣，能快速并热情与人相处。"任老师微笑地看着李乐说，"从这几个月的接触中，我们都能感受到你的感染力。"

夏伊也开心地说："我也是红色呢，分数最高。不过我的绿色分数也不低哦，感觉两种性格都有。"

任老师笑着转向她，解释道："的确会存在这样的情况，分数最高的颜色是核心性格，其他颜色的分数代表整个性格中组合的整体比例。每个人的性格可能是一种，也有可能是两种的组合。绿色代表和平，开放的、犹豫的、友好的，以人际为导向，同时拥有很强的劝说能力，非常愿意支持其他人，是一个积极的聆听者。"任老师看着夏伊笑着说。

随后，任老师的目光温柔地落在了略显腼腆的张路身上："张路，你的测试结果是绿色吧？"张路腼腆地点点头。

王子若则以一种更为沉稳的姿态发言："我也是两种颜色，不过，我的是黄色和蓝色。"

"黄色代表力量，非常直接且严谨，有很强的自我管理能力，以目标为导向，善于控制他人和环境，果断行动和决策。"任老师继续解释道，"蓝色代表完美，简洁和严谨，非常注重思考过程，能够全面、系统性地解决问题。热衷于收集数据，询问很多细节问题。行动和决策都非常谨慎。"

"通过这个工具，大家可以更好地了解自己是谁，扬长避短，成为做更好的更快乐的自己；也可以了解别人是谁，学会与他人和谐相处并且达成目标。"

"当然，如果想要很好地掌握这个工具，还需要深入地学习。我举个例子，大家来判断一下例子里的每个人是什么性格。"任老师举例说："晚上八点钟，大家都饿着肚子在办公室加班，领导丝毫没有放大家下班的意思。这个时候，小李站起来说话：'哎呀，都快饿死了！咱们先去吃饭，等会儿回来再继续加班！走走走，跟我去吃饭，吃火锅，我请客！'大家猜猜他是什么颜色的性格？"

夏伊抢答说："红色，我也会这样。"说完，哈哈地笑了起来。

"对。这个时候，老张站起来说话：'吃什么吃！活儿干完再去吃！'大家猜他是什么颜色？"

李乐说："应该是黄色。"

"对，黄色，有目标感。"任老师继续说，"正在两人僵持不下时，小何站起来冷静地说：'这活儿肯定是要干的，饭也是要吃的。小李，去哪里吃？是去五公里外新开的火锅店，还是楼下兰州拉面随便垫垫肚子？你真的请客啊？咱们几点能回到办公室继续加班？我晚上回去还得辅导孩子作业呢……'大家猜他是什么颜色？"

"蓝色。"大家异口同声地说。

"没错，是蓝色，他考虑周全。三人正在纠结时，小李问小陈：'你去不去？'小陈说：'去呗！吃饭！'老张又吼：'吃什么吃！工作做完再吃！'小陈又：'那不吃也行……'不用猜，小陈是绿色性格。看起来绿色很没有主见，但他们的人缘是最好的。"

任老师最后总结道："通过这个案例，我们发现其实没有绝对的好性格或坏性格，每个人身上都有绝对突出的优点也有相应的不足。认识自己，接纳他人，才是更好的性格。"

话音刚落，会议室里响起了热烈的掌声，每个人都在认真思考自己的性格色彩，以及如何通过了解和接纳自己和他人的性格来促进个人成长和团队协作。

02 ｜ 自我定位与职业发展

在柔和的灯光下，会议室里弥漫着一种温馨而又不失严肃的氛围。大家似乎都忘却了时间的流逝，所有的注意力都被任老师那温暖而富有启发性的话语紧紧吸引。

"前面，我们在填写'真实的我'和'理想中的我'时，不难发现，两者之间存在一定的差距。我们都怀揣着梦想，渴望拥有一个充实且快乐的人生。"任老师停顿了一下，目光更加柔和地落在每个人的脸上，"这不是职场新人的命题，而是所有人都应该考虑的问题。如果我们想要去向远方，那么，首先要知道自己现在所处的位置。"

生命之河 ▶▶

任老师继续说道："在座各位都还年轻，进入职场的时间都没有超过 10 年。也许不会有紧迫感。我们来玩一个小游戏吧。"说着，任老师给每人发了一张 A4 纸。

"想象一下，你现在正处于人生的哪个阶段？觉得自己可以活得到多少岁？打算多少岁退休？除去睡觉吃饭的时间，还剩下多少时间？这些问题都很犀利，也许我们从来没有想过。接下来，请大家按我的指令来操作。"

（1）将纸横着摆放，平均对折（中心线代表 50 岁）；
（2）现在你多大年纪了？将已经过去的时间"撕掉"；

（3）预估自己会活到多少岁？将生命不在的那一段也"撕掉"；

（4）在可支配生命的时间里，三分之一的时间将用来睡觉"撕掉"；

（5）每天工作 8 小时之外用来吃喝拉撒的生活，请"撕掉"；

（6）剩下最后的每天 8 小时，是真正可以改变人生的时间。

团队成员们纷纷拿起手中的纸，按照任老师的指示操作。随着纸张的撕扯声，会议室的气氛变得更加沉重，看着手上由 A4 纸变成的小纸片，每个人都发出惊叹的声音，这个直观的展示让每个人都感到震惊。

"看，这就是我们的现状。生命看似很长，实则很短。"任老师接着说："我们想要的有很多，但我们的时间却很少；我们能做的有很多，但我们却总是懒惰。所以珍惜时间真的不是一句口号，是需要切实落实到行动中的。"她的声音变得更加坚定，"一个人生命短得经不起蹉跎和犹豫，我们要从现在开始，把命运掌握在自己手里。"

"爱乐工健"仪表盘 ▶▶

为了缓和一下大家沉重的心情，任老师开启一个轻松的话题："大家也不要太沉重了，在有限的生命里，我们还是可以过上充实且快乐的人生。"大家的脸上露出了微笑。

"斯坦福大学人生设计实验室的创始人比尔·博内特（Bill Burnett）和戴夫·伊万斯（Dave Evans）在《人生设计课》的著作中提到'爱乐工健'仪表盘。"任老师说着，给大家分发了一张 A4 纸，上面印有仪表盘的详细说明（如图 6-2 所示）。

亲情
爱情
友情

娱乐
兴趣
爱好

工作
学习
事业

健康
锻炼
养生

↓你的现状

仪表盘	10	20	30	40	50	60	70	80	90	100
爱										
乐										
工										
健										

↓你的目标

仪表盘	10	20	30	40	50	60	70	80	90	100
爱										
乐										
工										
健										

图 6-2　爱乐工健仪表盘示意图

我们大部分的注意力都集中在工作上，但是只有在工作与生活达到平衡时，你才会明白如何设计你的工作。因此，你首先要知道自己在哪里，并且对你的情况进行评估，对你的生活进行盘点，清楚地描绘你的现实情况，并回答一个老生常谈的问题："你最近怎么样？"下面，我们首先来看看需要评估哪些方面的内容。

健康（Health）。从人类文明初期开始，善于思考的人已经认识到了健康的重要性。我们谈到的健康是指良好的思维、身体和精神状态，即情绪健康、身体健康和心理健康。如何权衡这三方面的健康情况由你自己决定，而且你要时刻关注自己的健康。在回答"最近怎么样"这个问题时，你的健康程度将成为你评估生活质量的重要因素。

工作（Work）。我们所说的"工作"是指你参与的人类在地球上不间断的伟大的探险活动。你也许会得到报酬，也许不会，不管怎样，这便是你正在"做"的工作。如果你在经济上还没有独立，那么通常你至少有一部分"工作"是有报酬的。大多数人都会同时做多种"工作"。

娱乐（Play）。娱乐就是为了快乐。我们所谓的娱乐指的是用手指蘸着泥巴作画，而不是足球争霸赛。任何活动都可以被称为"娱乐"，只要你从中感受到了快乐。"娱乐"活动既包括有组织的活动、各种竞赛，也包括生产性的活动。在做这些事情的时候，如果你只是为了寻找快乐，那么这就是"娱乐"。但是，当进行一项活动时，如果你是为了获胜、进步或实现目标，即使你在其中感受到了快乐，我们也不能说它是娱乐活动。

爱（Love）。我们都知道"爱"是什么，我们也都知道自己什么时候拥有爱。是爱让世界转动，没有了爱，生活就失去意义。我们不会尝试给"爱"下一个定义，我们也没有什么行动方案可以帮助你寻找真爱，但是，你必须关注"爱"。爱有多种类型，如亲情、友爱和爱情；爱可以来自很多人，如父母、朋友、同事以及爱人。你和他人，彼此分享了情感，有了爱，那么也就产生了亲密感。在你的人生中，谁爱你？你又爱谁？你是如何爱他们的？他们又是如何将爱给予你的？

在生活的这四个领域，每个人都有需要进行调整或重塑的地方。首先，你应挑选出需要设计的领域，然后，对选定领域的设计方法进行探索。当你开始打造前进的人生路时，你会需要觉知和好奇心这两种设计思维模式。

下面这个练习将帮助你确定你的位置以及你准备处理的设计问题。如果你不知道自己当下的位置，就无法知道自己未来的方向。

（节选自《人生设计课》）

等大家阅读完以后，任老师继续引导说："现在，我们一起来做下面的练习，评估一下我们的健康状况、工作方式、娱乐情况以及你拥有爱的现状。首先，请大家针对这四个方面的情况写几句话，然后在每个仪表盘上标出自己的位置，从0~100分，分别是多少分。"

团队成员们开始认真地在纸上书写，他们的表情专注而深思。十分钟后，每个人都在纸上画出了自己的"爱乐工健"仪表盘，并在每个部分标出了自己的分数。任老师环视了一圈，然后鼓励大家来分享："谁来分享一下在仪表盘里观察到了什么呢？"

李乐率先举手说："我来说说我的吧。"他边说边将纸面向大家展示，"我给工作打了85分，娱乐是50分，爱是80分，健康是40分。我观察到的是，健康和娱乐的分数比较低，因为除了上班以外，周末的时间常常到外面学习。虽然我和女朋友的关系还不错，但是陪她的时间却不多。"说到这里，他不好意思地笑了笑，轻轻挠了挠头。

"如果可以优化调整仪表盘中的某一项，你会选择哪个？"任老师继续问，引导着对话的深入。

"健康吧，"李乐毫不犹豫地回答，"没有健康的身体，其他的一切都无从谈起。所以，还是要劳逸结合，把锻炼提上日程。"

任老师继续追问："如果能实现调整后的仪表盘状态，你会获得什么？你的生活将会发生哪些变化呢？"

李乐思考了一会儿，眼神变得明亮起来，说："我相信我的颈椎病会得到缓解，整个人会更有活力。而且，我的生活也会变得更加丰富多彩，不再只是工作和学习，我会有更多的时间和女朋友一起享受生活的乐趣。"

"非常好。那么，在这个方向上，你可以尝试怎样的改变？你要怎样才能这样生活两周？"任老师继续引导。

"我计划每周至少跑步四次，每次不少于五千米，这样既能锻炼身体,也能释放压力。另外,晚餐后我会尽量陪女朋友散步,增进感情的同时也能享受户外的清新空气。还有,我打算每个月至少安排一次徒步活动,让身心都得到彻底的放松。"李乐的话语中充满了决心,他的脸上洋溢着对未来生活的美好憧憬。

"非常好,希望从明天开始,就能看到你的行动。"任老师补充道,她的声音中充满了赞许,"我们每个人都不是一座孤岛,既要扮演好社会角色、职场角色,还要扮演好家庭角色。无论在哪个角色中,我们应该承担相应的责任。只有平衡好这些角色,我们的人生才会更美好。"

一万小时定律 ▶▶

夏伊略带焦虑地望向任老师,说:"任老师,我四个方面中,分数最低的是工作。我是应届毕业生,虽然有过实习的经验,但是,我总觉得自己的成长太慢了。我想快点成长起来,担起更大的责任。"

任老师笑着说:"夏伊,你的上进心值得赞赏。但你要记住,成长并不是一朝一夕的事情。有听过'一万小时定律'吗?意思是,如果你想精通一项技能,或者成为一个领域的专家,需要一万小时。当然,并不是在所有的技能上所有的人用一万小时都一定能够精通或者掌握,但有一点是确定的,就是不管是在职场还是在其他的专业领域,如果你真的要成为一个领域的专家,或者是想要精通一项技能,都需要很长时间的专业练习、刻意练习,你才能够达到。有意识地重复做同一件事,你才能把这件事做到极致。"

为了让夏伊更好地理解,任老师继续举例说:"比如授课,只有上台的次数足够多,才能更自如地发挥。一个厉害的寿司师傅,开始做学徒的时候,第一件事就是切鱼,而这个动作要练多少年呢?十年。武侠小说里面的高手,练习拔刀这个动作就需要十年。所以,如果要想在某个领域成为专家，或者在某一项技能上达到精通成为大师，需要非常长时间的积累。因此，我们在做职业规划的时候，想一想十年、二十年、三十年，甚至在整个职业生涯结束的时候，我所希望达到的是什么样的程度。只有这样，我们才能耐得住寂寞，厚积薄发。"

夏伊认真地点了点头，她的眼神中闪烁着决心的光芒。

任老师顿了顿，继续说道："但你也不要气馁，有句话说：'种一棵树最好的时间是十年前，其次是现在。'"任老师鼓励道，"大家知道毛竹的生长环境吗？毛竹是一种生长速度很慢的植物，四年只能长到三厘米，但四年之后，它几乎每天都能长30厘米。在夜深人静的夜晚，人们甚至能听到它们拔节生长的声音，再用六周时间，就可以长到15米。"

团队成员们听得入神，他们的眼神中充满了好奇和兴趣。

"毛竹的初期生长缓慢，那为什么四年后就能快速生长了呢？其实毛竹不是生长缓慢，只是在初期选择了向内探索，向下生长。它用四年的时间壮大自己的根系，它的根须在土壤里盘根错节，可以延伸数百米。正是这种百米的庞大根系，才能让毛竹在四年后的短时间内迅速成长为繁茂的竹子。相反，如果毛竹熬不过去，前四年那段艰难的时光便永远见不得天日。"

"人也是一样，从出生到上学，再到走向社会，任何阶段要想让自己强大，都要首先提升适应能力，认准一个目标，扎实基础，这样才能茁壮成长成参天大树。因为一个人的思维方式，决定了她看问题的角度，也决定了她人生的一次次选择。"

她总结道："我们运用了一些职场人常用的工具，是为了让您认清目前在职场发展中的能力现状、测量现状和希望的距离，找到能力缺口，并自我探索给出相应的解决方案。我们经常听到一句话是，人最难的是认识自己，而这些工具就是帮助我们看懂自己。只有这样我们才知道，这一生为何而来，去到何方，以怎样的方式。一个人的认知就如船舶知道自己所在位置，又如绕过礁石的避雷针。行至再远，也终将抵达。"

大家频频点头。

03 | 塑造积极的阳光心态

时间已经接近中午，任老师给大家布置了一项任务：围绕"塑造阳光积极心态"，从自己擅长或感兴趣的角度出发，每个人讲述一段内容。

经过一番热烈的讨论，王子若主动请缨讲述"积极与消极心态的对比"。她计划几个小故事展现两种心态在面对同一挑战时截然不同的反应与结果；李乐，团队中的心理学爱好者，则自告奋勇介绍"情绪 ABC 理论"；至于夏伊和张路，她们相视一笑，决定携手合作，共同呈现"塑造积极心态的方法"。

随着分工的明确，大家开始期待午后的分享会。

积极和消极心态的对比 ▶▶

"如果说认知决定视野高度，那么心态就是一个人行动的意愿。你要到哪里去，是认知决定的；而做与不做，是心态决定的。"王子若站在讲台前，激昂地说着，"所以，心态决定命运。积极心态成就不凡人生；消极的心态只会让人生越来越暗淡。我想通过两个故事来让大家看看不同的心态会产生怎样不同的结果。"

故事一：搬砖头的故事

有一位老者在散步，看见一位年轻的小伙子在搬砖头，就问小伙子："小伙子，您这是在干什么呢？"小伙子没好气地回答："没看见么，正在当苦力搬砖头呢，累死了！"

老者继续散步，又看到一位中年男子在搬砖头，于是问道："您这是在干什么呢？"中年男子回答："哦，我这是在搬砖头盖房子呢。您看，将来那边就是我家！"

老者继续散步，走着走着发现有一位老先生也在搬砖头，于是又问："老先生，您这是在干什么呢？"搬砖头的老先生笑着放下砖头，擦了把额头的汗笑着说："您问我这是在干什么？你看，我在盖一座教堂啊！"

王子若停顿了一下，问道："听完这个故事以后，大家有什么感想呢？"

夏伊回复说："这个故事像极了我们的现实工作状态，故事里的砖头就是我们手里的工作，有些人认为工作是搬砖头做苦力，每天都很累，有些人认为工作是养家糊口的必要生存手段，而在有些人眼里，工作则是带着希望和信仰。如果我们觉得工作是苦力或者是生存的手段，就不会在工作中找到快乐。"

"非常好。"王子若点头赞同，"我们以什么样的心态来看待工作，就会以什么样的状态面对工作。心态的转变，看到的世界也会有所不同。积极的心态，能让我们在逆境中绽放光芒，成就一番不凡的事业。"

随后，子若继续讲第二个故事。

故事二：妙解秀才梦

在很久以前，一位穷秀才进京赶考，在京城一家客栈里住下。临近考试的前几天做了三个梦：梦见墙上长着白菜、梦见下雨天戴着斗笠还撑着伞、梦见和未婚妻背靠背在一起。梦醒之后回味一下，越想越沮丧，觉得梦里肯定预示着这次肯定考不中。于是跟客栈老板道别，决定这次不考了。

客栈老板听其原因之后慌忙说道："别急，别急，我也会解梦！您看第一个梦，墙上长着白菜，这是预示着您将高中啊！再看第二个梦，下雨天戴斗笠还撑伞，这是有备无患啊！最后一个梦，不就是和姑娘背对背站着嘛，客官，我估计您马上就要翻身啦！"

"通过这个故事，我们一起来思考三个问题：一是，客栈老板为什么要解梦？二是，如果没有这个解梦的过程，客栈老板和秀才会损失什么？"子若将话题引向了更深层次的思考。

张路笑着说："客栈老板解梦是为了让秀才留下来继续住店，他可以多挣钱。"

李乐补充道："也许老板是出于对秀才的同情，所以希望给予他鼓励。如果没有这个'解梦'的过程，客栈老板会失去了一个客户，而秀才会失去考试，甚至是改变命运的机会。"

王子若眼神中闪烁着赞许的光芒："非常好，大家的回答都很棒。梦有正反解析，正如一件事情都有其两面一样。消极的人看到的都是绝望，积极的人看到的永远是希望。这两个故事，是不同情景下积极和消极的暗示。积极的人像太阳，照到哪里哪里亮。消极的人像月亮，初一十五不一样。有什么样的心态，就有什么样的未来。"

这时，王子若拿出一本书，继续说道："这是一本全球销量超过1500万册的书，是由澳大利亚一名电视工作者朗达·拜恩所著的《秘密》。这本书的核心是关于神秘又强大的'吸引力法则'，大意是说'每个人心中所想的事越强烈，就越容易实现'。其基本原理是：人类所有的思维活动，都会产生某种特定的频率（磁场），它会吸引同样的频率，引发共振，从而将我们思维活动中所涉及的任何事物吸引到我们的面前。就像物理界认为任何有质量的物体存在吸引力一样，人的思想也存在吸引力。"

团队成员们都听得入了神，王子若见状，继续说道："大家回忆一下自己有没有这样的经历？当我们觉得自己很倒霉的时候，身边很多事情都不顺利；如果心情喜悦，感觉好运就会不期而至。"

张路点点头说："好像是这样的。"

王子若接着讲述了美国前总统罗斯福的故事："罗斯福家中被盗，一朋友闻讯赶紧写信安慰他。罗斯福回信说：'谢谢你亲爱的朋友，我现在很安全，很平安，我应该感谢那个小偷。因为第一，贼偷去的是东西，没伤害我的生命；第二，贼只偷去我的部分东西，而不是全部；第三，最值得庆幸的是，做贼的是他，不是我。'"台下，响起了一阵笑声。

"任何事物都有两面性。如果能从正面积极的角度看，那它就是好事。从负面悲观角度看，它就是糟糕的事。罗斯福之所以能如此好的心态，其实是因为他站在了积极的一面，从积极的一面去解读发生的事情，所以坏事也变成了好事。"

"所以，我们尝试一下，把自己所有的消极想法写下来，看到了这些想法的问题和丑陋。然后，在另一页纸上，写下来与这些想法相反的积极的想法。"王子若边说边给大家分发一张 A4 纸，"一开始，这很难做到。但是，我们可以尝试用提问题和表达希望的方式组织了自己的语言，比如'如果我的同事们都很和善友好，那会是种怎样的感觉？'当你写下这些的时候，也许会发现同事们确实是你遇到过的最随和、最善解人意、最正直的人。"

夏伊好奇地问："所以，当我们产生消极想法的时候，是不是就可以专注于它的对立面，去想想积极的东西呢？比如，如果我今天过得不好不顺心，就停下来，改变自己的想法和感受，改变自己发出的频率。等到感觉好的时候，再行动。"

王子若点头说道："没错，是这样的。当我们专注于积极的想法和感受时，我们就更有可能吸引积极的结果。"大家拿起笔开始书写，脸上渐渐露出了笑容。

探索情绪管理新视角：深入解析情绪 ABC 理论 ▶▶

接下来上场的是李乐，他也以一个故事开始了自己的分享。

有一个年轻人失恋了，一直摆脱不了事实的打击，情绪低落，已经影响到了他的正常生活，也没办法专心工作，因为无法集中精力，头脑中想到的就是前女友的薄情寡义。他认为自己在感情上付出了，却没有收到回报，自己很傻很不幸。于是，他找到了心理医生。

心理医生告诉他，其实他的处境并没有那么糟，只是他把自己想象得太糟糕了。在给他做了放松训练，减少了他的紧张情绪之后，心理医生给他举了个例子。"假如有一天，你到公园的长凳上休息，把你最心爱的一本书放在长凳上，这时候走来一个人，径直走过来，坐在椅子上，把你的书压坏了。这时，你会怎么想？"

"我一定很气愤，他怎么可以这样随便损坏别人的东西呢！太没有礼貌了！"年轻人说。"那我就告诉你，他是个盲人，你又会怎么想呢？"心理医生接着耐心地继续问。"哦，原来是个盲人。他肯定不知道长凳上放有东西！"年轻人摸摸头，想了一下，接着说，"谢天谢地，好在只是放了一本书，要是油漆，或是什么尖锐的东西，他就惨了！""那你还会对他愤怒吗？"心理医生问。"当然不会，他是不小心才压坏的嘛，盲人也很不容易的。我甚至有些同情他了。"

"同样的一件事情——某人压坏了书，但是为什么年轻人前后的情绪反应却截然不同呢？"分享完故事以后，李乐问道。

夏伊说："这是因为年轻人对事情不同的看法，引起自身不同的情绪。"

"对的。所以，让我们难过和痛苦的，不是事件本身，而是始于对事情的不正确的解释和评价。美国心理学家阿尔伯特·埃利斯（Albert Ellis）创建的情绪ABC理论就能说明原因。"他转身在白板上写下了一个大大的字母"A"，然后继续解释道："'A'（activating event）是指认为激发事件，C（consequence）是指由A引发的情绪和行为后果，而引起C的直接原因则是个体对激发事件A的认知和评价而产生的信念B（belief）。也就是说，人们所产生的消极情绪和行为障碍结果（C），不是由于某一激发事件（A）直接引发的，而是由于经受这一事件的个体对它不正确的认知和评价所产生的错误信念（B）所直接引起。"

"比如刚才的故事中，A是有一个人把年轻人的书压坏了，B是他觉得那个人太没有礼貌了，导致的C是他很气愤。当心理医生告诉他说，把他的书压坏的人是个盲人时，他的B改变了，心里想着幸好是而不是其他尖锐的东西，最后的结果C是，他甚至有点同情那个盲人。"为了让大家更好地理解，李乐边说边在白板上写上字母并比画着线条。

他确认大家都跟上节奏后，继续说道："同一情境之下（A），不同的人的理念以及评价与解释不同（B1和B2），会得到不同结果（C1和C2）。所以，事情发生的一切根源缘于信念。埃利斯认为：正是由于人们常有的一些不合理的信念才使我们产生情绪困扰。如果这些不合理的信念存在久而久之，还会引起情绪障碍。"

"我们怎样才能改变不合理的信念呢？当我们面临压力情境时，可以对自己说：'我要一步一步地做，一件一件地做''一切都会好的''天塌不了''没什么大不了的'；当我们在压力情境中时，可以对自己说：'放松，冷静行事''比这更难的事我都应付过了'；当压力情境结束后：'干得不错''现在可以松口气了'。相信我们在调整了信念以后，一定能得到一个好的结果。"李乐越讲越激动。

"电影《长安三万里》惊才绝艳如李白，坚忍勇毅如高适，他们尚且半生颠簸，不如意十之八九，何况你我。李白一生潇洒浪漫，他留下的诗句总是能让我们为之振奋。犯难时说'长风破浪会有时'；想辞职时说'仰天大笑出门去，我辈岂是蓬蒿人'；处逆境时说天生我材必有用'；赔了钱说'千金散尽还复来'。"

大家都惊叹于李乐的博学，不禁给他竖起了大拇指。

塑造阳光心态 ▶▶

会议室里，柔和的灯光照亮了团队成员们专注的脸庞。夏伊的脸上掠过一丝不易察觉的紧张，但她很快调整呼吸，以温柔而坚定的声音开启了她们的分享："接下来是我和张路的分享，关于塑造积极心态的两个有效方法：方法一是学会与自己和解，方法二是心存感恩。"

会议室里响起了鼓励的掌声，团队成员们的眼神中充满了期待。

"为什么要学会与自己和解呢？"张路接着说，"我们每个人生来都不完美，如果对'完美'过于执念，其实是非常影响心理健康的。一个小小的不完美，都可能会被自己无限放大，久而久之，就会失去自信。每个人身上都有很多发光点，我们要学会去发现这些美好的东西，也要学会接受'不完美的自己'。"

夏伊点头继续说道："我们这一生就是和还不够完美的自己不断和解的过程。情感上的爱而不得，生活中的无可奈何，事业上的难以突破，有时纵使拼尽全力，也有求而不得的东西。人生不可能事事如意，再优秀的人也有解决不了的难题，再顺遂的人生也会遭遇风雨。"

"正如柏拉图说，人生最遗憾的莫过于轻易地放弃了不该放弃的，固执的坚持了不该坚持的。有的时候，放下过去，放下抗争，不是懦弱，而是以另一种姿态的勇气，谁没有平庸的时候呢？我们都是凡人，都有到达不了的远方。"张路完美地接上。

夏伊转向李乐，用真诚的眼神看着他说："我想请李乐老师来和张路完成一个角色扮演。张路扮演一位十六岁的少年，李乐老师扮演一位年长的智者，我来旁白，可以吗？"

李乐高兴地站起来，并接过夏伊递过来的脚本，快速扫了一眼后说："好呢，开始吧。"

一位十六岁的少年去拜访一位年长的智者，他问："我如何才能变成一个自己快乐，也能够给别人快乐的人呢？"

智者说："我送给你四句话。第一句话是，把自己当成别人。"

少年回答说："是不是说，在我感到痛苦忧伤的时候，就把自己当成别人，这样痛苦就自然减轻了；当我欣喜若狂之时，把自己当成别人，那些狂喜也会变得平和些？"

智者微微点头，接着说："第二句话，把别人当成自己。"

少年沉思一会儿，说："这样就可以真正同情别人的不幸，理解别人的需求，并且在别人需要的时候给予恰当的帮助？"

智者两眼发光，继续说道："第三句话，把别人当成别人。"

少年说："这句话的意思是不是说，要充分地尊重每个人的独立性，在任何情形下都不可侵犯他人的核心领地？"

智者哈哈大笑着说："第四句话是，把自己当成自己。"

少年说："这句话的含义，我一时体会不出。但这四句话之间就有许多自相矛盾之处，我用什么才能把它们统一起来呢？"

智者说："很简单，用一生的时间和精力。"少年沉默了很久，然后叩首告别。

后来少年变成中年人，又变成老人。人们都说他是一位智者，因为他是一个快乐的人，而且也给每一个见到过他的人带来了快乐。

随着角色扮演的结束，会议室里响起了热烈的掌声。团队成员们被这段简短而深刻的对话深深打动。夏伊总结道："通过这个小角色扮演，我们会得到不同的启发。人与人之间如果能够做到理解、宽容、相互尊重，让别人因为你活着而得到益处，而你因他人的快乐感到满足，就能获得美好的人生。"

"所以，我们整理了几条建议一起共勉。"夏伊说完看向张路，然后非常有默契地一人一句地接龙。

①从正视自己的不完美开始，不要去做无谓的强求。

②勇于接纳别人的喜欢或者不喜欢，不因此而产生自我怀疑。

③不要抗拒，也不用逃避，客观地对待自己，与自己的缺憾和解。

④学会接纳真实的自己,不应沉溺在生活的美颜相机中自我欺骗。接纳真实的自己,坦坦荡荡地对待自己的全部,这也是一个自我疗愈的过程。

⑤善待自己的时候,也要学会善待他人。

⑥如果无法改变环境,那就要努力适应环境,接纳生活,如果无法改变他人,那就试着去改变自己吧,如果也改变不了自己的话,那就学会随遇而安吧。

⑦当觉察自己心态不好的时候怎么办?不妨制定一个心态调整的行动方式。例如:跑5公里,运动可以快速缓解低落情绪。睡一觉,休息可以让大脑得到短暂的休息。或者去医院的急诊室看看,有时候,幸福是比较出来的。

⑧从读书中拓宽并慰藉自己的认知,调整自己的心态,与那个纠结的小自我一别两宽,让自我世界变大变宽变高远。

"这是第一个方法,学会与自己和解。第二个方法是心存感恩。"夏伊说,"拥有一颗善心做事,拥有感恩之心去发现,让自己时时刻刻都对这个世界保持感激,有助于专注积极方面。"

"首先,我们要感恩公司,给了我们机会,让我们能够在社会生存。虽然也有不尽人意,但至少当初我们满怀信心来到这个公司的时候,公司是张开了双臂拥抱了正在彷徨的我们。所以,带着这份知遇之恩去工作,结果一定是与做一天和尚撞一天钟不一样。"

"我们要感恩同事们,感谢给予我们帮助的同事们,让我们感知到职场温暖;感谢不愿给我们帮助的同事,他们让我们学会面对问题。"

夏伊转向任老师,微笑着说:"我们要感恩领导。领导是我们最重要的客户,没有之一。身为职场人,学会站在领导的立场考虑并解决问题，如果领导器重我们，说明我们所做符合领导期许；如果领导冷落或未能给予我们支持，说明我们距离领导要求有差距。领导就像一面镜子，让我们知道应该如何作为一名下属，配合支持团队完成任务。"任老师满意地点点头。

"我们要感恩父母。父母是人生世上唯一付出而不求回报的人，给予我们无私的爱。或许不一定有足够的知识帮助我们走好迈入社会的每一步，但他们一定是永远惦记我们、牵挂我们、祝福我们的人。"

"带着感恩的心，世界就美好了起来。我们未来的职场路还长，我们需要锻炼保持积极心态的方法，共同成长。我们的分享到这里结束，谢谢大家。"夏伊总结后，和张路一起向大家鞠了一躬。

任老师站起身，她的声音充满了赞许："大家今天下午的分享非常精彩，在这么短的时间里完成，看来平时的积累很多。积极心态的塑造是一个不断自我发现和自我接纳的过程。希望我们团队的每一位都能拥有更积极、更健康的心态。"

随着任老师的总结，分享会在热烈的气氛拉开了帷幕。

后记

作为一名在礼仪教育领域奋斗了12年的教育工作者，我时常感受到这份职业带给我的深厚责任与无上荣耀。回望这漫长的旅程，我的足迹仿佛一个长长的电影。从庄严肃穆的政府机关，到繁忙喧嚣的制造业车间；从翱翔天际的航空航天领域，到川流不息的交通运输行业；再到高楼林立的金融机构，我几乎走遍了祖国的每一个角落，见证了不同行业的风采与魅力。这份经历，让我深感自豪，也让我对礼仪教育有了更深的理解和感悟。

我的客户群体广泛而多样，既有政府部门的公职人员，他们严谨认真，对礼仪有着独特的需求；也有大型国有企业的中坚力量，他们肩负着企业发展的重任，对礼仪有着更高的追求；还有国内外世界500强企业的精英团队，他们视野开阔，对礼仪有着国际化的理解。无论是企业高管、创业者，还是中层干部、市场人员，乃至一线员工和中后台支持岗位，我都曾为他们量身定制礼仪培训课程。从提升服务意识与职业素养，到塑造良好的职业形象；从规范行为举止，到精炼语言表达技巧；从应对客户投诉，到展厅讲解、商务接待与拜访，再到商务社交礼仪和涉外礼仪，每一个细节我都倾注了大量心血。前期调研、课件制作、现场教学、后续跟踪，每一个环节都力求做到尽善尽美。

在与这些来自各行各业的客户交流中，我深刻体会到了礼仪在人际交往中的独特价值。礼仪不仅仅是一种外在的表现形式，它更是一种内在修养的体现。它像一座桥梁，搭建起人与人之间沟通的通道，促进相互理解和尊重，让职场环境变得更加和谐融洽。每当我看到学员们因为掌握了礼仪知识而在职场中更加自信从容时，我都感到无比欣慰和满足。

特别值得一提的是，在与环球礼仪结缘后，我的人生轨迹发生了质的变化。在李茂宏院长的陪伴和指导下，我有幸参与创办了"礼赢职场"这门版权课程。这门课程不仅是我多年教学经验的结晶，更是环球礼仪团队共同努力的成果。它系统地整理了礼仪教育的精髓，为礼仪培训教育从业者提供了宝贵的教材。在创作过程中，我们反复推敲、不断打磨，力求让每一个知识点都准确无误、易于理解。

如今，《礼赢职场》这本书即将与广大读者见面，我的心情无比激动和自豪。这本书不仅凝聚了我和环球礼仪团队的心血与智慧，更承载了我对礼仪教育的热爱和期待。我希望通过这本书，能够让更多的人了解礼仪的重要性，学会在职场中运用礼仪知识，提升自己的职业素养和人际交往能力。同时，我也希望这本书能够成为礼仪教育领域的一颗璀璨明珠，为传承和发扬中华礼仪文明贡献一份力量。

在礼仪教育的道路上，我深知自己肩负的责任重大。我愿意继续为传播中华礼仪文明贡献自己的力量，让这份宝贵的文化遗产在新时代焕发出更加璀璨的光芒。同时，我也真诚地希望每一位读者都能从《礼赢职场》这本书中汲取到营养，将礼仪知识融入自己的工作和生活中，共同营造一个更加文明、和谐的社会环境。

让我们携手同行，在传承与发扬礼仪文明的道路上不断前行，共创美好未来。

读书笔记

关于礼仪美学俱乐部

平台致力于成为礼仪美学教育从业者的成长赋能平台,联合国内知名人士共同发起创立,围绕学习赋能、经验交互、资源共享、商机链接,生态创业五大核心需求,依托环球礼仪15年的资源积累,构建集礼仪美学普及教育的高能量平台。

平台定期开展礼仪、美学、成长、创业等活动,全方位提升会员的商业思维,让更多职业女性拥有更高维度的认知,建立外表时尚、内心丰盈、幸福智慧、品位有趣的精英女性组织。

平台使命:传播礼仪美学思维,让世界充满爱

平台愿景:成为礼仪美学教育行业最具影响力社交平台

核心价值观:仁爱、礼义、诚信、利他

因为这本书我们与礼有缘相识,为了感谢大家的信任和支持,我们送各位读者一份礼仪美学俱乐部的线上学习卡,涵盖课程精华内容,相信可以帮助各位读者有效提升职场商务的交际能力,提升个人形象、增强沟通能力、建立良好人际关系、提高工作效率和自信心等。

扫描二维码,回复"礼仪",领取资料。

欢迎关注公众号